# MALTESE-ENGLISH
# ENGLISH-MALTESE
## DICTIONARY AND PHRASEBOOK

T0275362

# MALTESE-ENGLISH
# ENGLISH-MALTESE
## DICTIONARY AND PHRASEBOOK

GRAZIO FALZON

HIPPOCRENE BOOKS
*New York*

For information, address:
HIPPOCRENE BOOKS, INC.
171 Madison Avenue
New York, NY 10016

*Library of Congress Cataloging-in-Publication Data*

Falzon, Grazio.
    Maltese-English, English-Maltese dictionary and
        phrasebook / Grazio Falzon.
            p.   cm.
    Includes bibliographical references.
    ISBN 0-7818-0565-1
    1. Maltese language--Conversation and phrase
books --English. 2. Maltese language--Glossaries,
vocabularies, etc. 3. English language--Glossaries,
vocabularies, etc.  I. Title.
PJ6891.2.F35   1997
492.7'9321--dc21                           97-41115
                                                CIP

# CONTENTS

# BASIC GRAMMAR

## THE ARTICLE

The definite article *the*, in Maltese is l, linked by a hyphen to the following noun or adjective. E.g. l-armla (the widow); l-isbah (the most beautiful).

The article becomes il- if the following word begins with a consonant. E.g. il-bqija (the rest); il-maktur (the handkerchief); il-qamar (the moon); il-lapis (the pencil); il-habs (the prison); il-ghasfur or l-ghasfur (the bird).

The definite article changes to match the following word in certain instances when the initial consonant is ċ, d, n, r, s, t, x, z, or ż. E.g. iċ-ċirku (the circle); id-duħħan (the smoke); in-nemel (the ants); ir-raħal (the village); is-suwed (the blacks); it-tagen (the frying pan); ix-xitan (the devil); iz-zokkor (the sugar); iż-żarbun (the shoe).

The following prepositions: bħal (like), għal (for), ta' (of), ma' (with), fi (in), and bi (with) link with the definite article. They change to match a following noun or adjective beginning with ċ, d, n, r, s, t, x, z, or ż. E.g. għat-tfajla (for the girl); fix-xemx (in the sun); tar-raġel (of the man).

## PRONOUNS

### PERSONAL PRONOUNS

Personal pronouns in Maltese can also function as verbs. Thus:

Jiena (I; I am)            Aħna (We; We are)
Inti (You; You are)        Intom (You; You are)
Huwa (He; He is)           Huma (They; They are)
Hija (She; She is)

The negative of the verbal mode of the pronoun is made by surrounding the pronoun with ma before the pronoun and x appended to it. Thus:

ma jiniex (I am not)            m'aħniex (We are not)
m'intix (You are not)          m'intomx (You are not)
m'huwiex (He is not)           m'humiex (They are not)
m'hijiex (She is not)

### DEMONSTRATIVE ADJECTIVES / PRONOUNS

| *SINGULAR:* | | *PLURAL:* |
| *masculine* | *feminine* | *masculine / feminine* |
| dan (this) | din (this) | dawn (these) |
| dak (that) | dik (that) | dawk (those) |

### RELATIVE PRONOUN

The relative pronouns *who, whom, that, which* are rendered in Maltese by the particle li. E.g. Il-ktieb li xtrajt. (The book that I bought.) Agħmel dak li ngħidlek. (Do what I tell you.)

## INTERROGATIVE PRONOUNS

Min (Who); Liema (Which one); Xi (What); X' (What) before words beginning with a vowel, a single consonant, a silent h or gh. E.g. Min ġej? (Who is coming?) Xi trid tixtri? (What do you want to buy?) X'għamilt? (What have you done?).

## PRONOMINAL SUFFIXES

The pronominal suffixes appended to nouns, verbs and prepositions are:

| *SINGULAR:* | -i, -ja (my) | *PLURAL:* | -na (our) |
|---|---|---|---|
| | -ek, -ok, -k (your) | | -kom (your) |
| | -u, -h (his) | | -hom (their) |
| | -ha (hers) | | -hom (their) |

E.g. pajjiż = pajjiżna (our country); omm = ommu (his mother); tlabt = tlabthom (I asked them); bħal = bħali (like me).

## POSSESSIVE PRONOUNS

| *SINGULAR:* | tiegħi (my; mine) | *PLURAL:* | tagħna (our; ours) |
|---|---|---|---|
| | tiegħek (your; yours) | | tagħkom (your; yours) |
| | tiegħu (his; its) | | tagħhom (their; theirs) |
| | tagħha (her; hers; its) | | tagħhom (their; theirs) |

E.g. Il-problema tiegħi (my problem); il-karozza tagħkom (your car); il-ġita tagħna (our tour); il-libsa tagħha (her dress).

## ADVERBS

Fejn (where); hawn (here); taħt (under); hemm (there); madwar (around); kullimkien (everywhere); meta (when); illum (today); għada (tomorrow); ilbieraħ (yesterday); xħin (when, at the time); qatt (never); kif (how); biss (only); wisq (too much); biżżejjed (enough); ħadd (no one); xejn (nothing); tassew (really); għaliex (why).

E.g. Fejn hi l-posta? (Where is the Post Office?) Xħin hu l-pranzu? (What time is dinner?) Tluq għal għada. (Departure is set for tomorrow.) Meta se titilqu? (When are you leaving?)

## GENDER OF NOUNS AND ADJECTIVES

(1)  Nouns and adjectives ending in a consonant or in u are masculine.
     E.g. ktieb (book); gustuż (cute); ġlekk (coat).
     A few exceptions: triq (street); dar (house); qalb (heart); belt (city).

(2)  Nouns and adjectives ending in a are feminine.
     E.g. gazzetta (newspaper); sabiħa (beautiful); hobża (loaf).
     A few exceptions: ilma (water); papa (pope); alla (god).

(3)  Nouns ending in i are feminine.
     E.g. arti (art); fidi (faith); xorti (luck).

## FORMATION OF FEMININE ADJECTIVES

Generally, the feminine gender is formed by adding a to the masculine or ja if the masculine ends in i. E.g. żagħżugħ = żagħżugħa (young); xemxi = xemxija (sunny).

In Maltese, the adjective follows the noun it qualifies. E.g. mara xiħa (an old woman); tfajla franċiża (a French girl).

The adjective takes the definite article when it qualifies a noun which is preceded by a definite article. E.g. it-tifel il-marid (the sick boy); il-kamra n-nadifa (the clean room).

When a noun is in the singular, the qualifying adjective agrees with the noun in gender and number. In the plural form, the adjective is the same for both masculine and feminine genders. E.g. ħuta mixwija (f) (a grilled fish); sodod komdi (f) (comfortable beds); siġġijiet komdi (m) (comfortable chairs).

## COMPARISON OF ADJECTIVES

The comparative degree of adjectives is formed by prefixing a, e, i or o to the positive form of the adjective. Following are examples of the main patterns:

| | |
|---|---|
| qawwi (strong) | aqwa (stronger) |
| oħxon (fat) | eħxen (fatter) |
| fqir (poor) | ifqar (poorer) |
| għali (costly) | ogħla (costlier) |

The conjunction minn (than) introduces the following item of comparison. E.g. Din il-ġita hi isbaħ minn l-oħra. (This tour is nicer than the other one).

The superlative precedes the noun it qualifies and is expressed by prefixing the article l- to the comparative form of the adjective. E.g. l-ikbar kamra (the largest room); l-iqsar triq (the shortest road); l-irħas prezz (the cheapest price).

Some adjectives take aktar (more) or iżjed (more) and anqas (less) to express the comparative degree. The superlative is formed by prefixing the definite article l- to aktar, iżjed, and anqas.

## THE PLURAL

Maltese has two plural numbers:
  a.     the DUAL indicating two items in pairs.
  b.     the GENERAL plural expressing more than two items.

The DUAL number is formed by adding the suffix -ejn or -ajn to the singular form of the noun. E.g. darba = darbtejn (twice); ġimgħa = ġimagħtejn (two weeks); jum = jumejn (two days); id = idejn (pair of hands).

The GENERAL plural is formed by the suffixes: -i, -iet, -ijiet, and -ien. E.g. ajruplan = ajruplani (airplanes); aħbar = aħbarijiet (news); taqsima = taqsimiet (sections); wied = widien (valleys).

Some nouns have a determinate plural (preceded by a number) and also a collective plural form. E.g. kelma (a word); erba' kelmiet (four words); kliem (words). Tuffieħa (an apple); sitt tuffiħiet (six apples); tuffieħ (apples).

Maltese has two categories of plural formation for nouns and adjectives;

  a) the external plural formed by suffixes;
  b) the internal plural formed by breaking the word internally.

*EXTERNAL PLURAL:*                    *INTERNAL PLURAL:*

Malti = Maltin (Maltese)             dar = djar (houses)
bieb = bibien (doors)                raġel = rġiel (men)
xugaman = xugamani (towels)          raħal = rħula (villages)
xufier = xufiera (drivers)           ktieb = kotba (books)
ċekk = ċekkijiet (checks)            gżira = gżejjer (islands)

## THE VERB

In Maltese, verbs do not have an infinitive form. Verb moods and tenses are constructed from a root form which consists of the third person singular, masculine, Perfect Tense. Following is the conjugation of the verb kiteb (he wrote):

*IMPERATIVE:*

ikteb (write) (sing)
iktbu (write) (plur)

*PRESENT-FUTURE:*

(jien) nikteb (I write; I will write)
(int) tikteb (you write; you will write)
(hu) jikteb (he writes; he will write)
(hi) tikteb (she writes; she will write)

(aħna) niktbu (we write; we will write)
(intom) tiktbu (you write; you will write)
(huma) jiktbu (they write; they will write)

*PERFECT:*

(jien) ktibt (I wrote)
(int) ktibt (you wrote)
(hu) kiteb (he wrote)
(hi) kitbet (she wrote)

(aħna) ktibna (we wrote)
(intom) ktibtu (you wrote)
(huma) kitbu (they wrote)

*PAST PARTICIPLE:*

miktub (m) miktuba (f) miktubin (pl) (written)

*VERBAL NOUN:*

kitba (writing)
N.B. Discussion and paradigms of the five main categories of conjugations and patterns of derived verbs in Maltese are beyond the scope of this handbook. Conjugations of frequently used irregular verbs are given below.

## IRREGULAR VERBS

| *ROOT VERB:* | ĦA (he took) | |
|---|---|---|
| *Imperative:* | ħu (take) (sing)<br>ħudu (take) (plur) | |
| *Present-Future:* | (jien) nieħu (I take)<br>(inti) tieħu (you take)<br>(hu) jieħu (he takes)<br>(hi) tieħu (she takes) | (aħna) nieħdu (we take)<br>(intom) tieħdu (you take)<br>(huma) jieħdu (they take) |
| *Perfect:* | (jien) ħadt (I took)<br>(int) ħadt (you took)<br>(hu) ħa (he took)<br>(hi) ħadet (she took) | (aħna) ħadna (we took)<br>(intom) ħadtu (you took)<br>(huma) ħadu (they took) |
| *Past Participle:* | meħud (m) meħuda (f) meħudin (pl) (taken) | |
| *Verbal Noun:* | uħid (act of taking) | |

# DICTIONARY AND PHRASEBOOK

| | | |
|---|---|---|
| *ROOT VERB:* | RA (he saw) | |
| *Imperative:* | ara (see) (sing)<br>araw (see) (plur) | |
| *Present-Future:* | (jien) nara (I see)<br>(int) tara (you see)<br>(hu) jara (he sees)<br>(hi) tara (she sees) | (aħna) naraw (we see)<br>(intom) taraw (you see)<br>(huma) jaraw (they see) |
| *Perfect:* | (jien) rajt (I saw)<br>(int) rajt (you saw)<br>(hu) ra (he saw)<br>(hi) rat (she saw) | (aħna) rajna (we saw)<br>(intom) rajtu (you saw)<br>(huma) raw (they saw) |
| *Past Participle:* | muri (m) murija (f) murijin (pl) (seen) | |
| *Verbal Noun:* | raj (way of seeing) | |
| *ROOT VERB:* | TA (he gave) | |
| *Imperative:* | agħti (give) (sing)<br>agħtu (give) (plur) | |
| *Present-Future:* | (jien) nagħti (I give)<br>(int) tagħti (you give)<br>(hu) jagħti (he gives)<br>(hi) tagħti (she gives) | (aħna) nagħtu (we give)<br>(intom) tagħtu (you give)<br>(huma) jagħtu (they give) |
| *Perfect:* | (jien) tajt (I gave)<br>(int) tajt (you gave)<br>(hu) ta (he gave)<br>(hi) tat (she gave) | (aħna) tajna (we gave)<br>(intom) tajtu (you gave)<br>(huma) taw (they gave) |
| *Past Participle:* | mogħti (m) mogħtija (f) mogħtijin (pl) (given) | |
| *Verbal Noun:* | għati (act of giving), għatja (donation) | |
| *ROOT VERB:* | ĠIE (he came) | |
| *Imperative:* | ejja (come) (sing)<br>ejjew (come) (plur) | |
| *Present-Future:* | (jien) niġi (I come)<br>(int) tiġi (you come)<br>(hu) jiġi (he comes)<br>(hi) tiġi (she comes) | (aħna) niġu (we come)<br>(intom) tiġu (you come)<br>(huma) jiġu (they come) |
| *Perfect:* | (jien) ġejt (I came)<br>(int) ġejt (you came)<br>(hu) ġie (he came)<br>(hi) ġiet (she came) | (aħna) ġejna (we came)<br>(intom) ġejtu (you came)<br>(huma) ġew (they came) |
| *Past Participle:* | none | |
| *Verbal Noun:* | miġja (arrival) | |

# MALTESE-ENGLISH/ENGLISH-MALTESE

*ROOT VERB:*    QAL (he said)

*Imperative:*    għid (say) (sing)
            għidu (say) (plur)

*Present-Future:*   (jien) ngħid (I say)       (ahna) ngħidu (we say)
                (int) tgħid (you say)      (intom) tgħidu (you say)
                (hu) jgħid (he says)      (huma) jgħidu (they say)
                (hi) tgħid (she says)

*Perfect:*    (jien) għidt (I said)        (ahna) għidna (we said)
          (int) għidt (you said)     (intom) għidtu (you said)
          (hu) qal (he said)       (huma) qalu (they said)
          (hi) qalet (she said)

*Past Participle:*    none

*Verbal Noun:*    għajdut (act of saying)

## THE VERB WITH PRONOMINAL SUFFIXES

### DIRECT OBJECT PRONOUNS

*SINGULAR:*    -ni (me)       *PLURAL:*    -na (us)
              -k, -ok, -ek (you)               -kom (you)
              -h, -u (him)                   -hom (them)
              -ha (her)

E.g. urina (show us); nammirakom (I admire you); ħallina (leave us); agħtini (give me); hudhom (take them).

### INDIRECT OBJECT PRONOUNS

*SINGULAR:*    -li (to me)       *PLURAL:*    -lna (to us)
              -lek (to you)                -lkom (to you)
              -lu (to him)                 -lhom (to them)
              -lha (to her)

E.g. iktbulna (write to us); bgħattilkom (I sent to you); ċempillu (call him); għidtlek (I told you); ibagħtulna (send to us); agħtiha (give her).

### COMBINED DIRECT AND INDIRECT PRONOUN OBJECTS

Note that direct pronoun object -ha changes to -hie when an indirect pronoun object is appended to it. Similarly, the direct pronoun object -u changes to -hu when it is followed by an indirect pronoun object. E.g. urihielu (show it to hm); ġabhulhom (he brought it to them); ibgħatuhuli (send it to me); agħmluhielna (do it for us); tibgħathomlna (you will send them to us).

### THE NEGATIVE

The negative *not* in a statement is translated in Maltese by the particle ma ( m' before a vowel, h or gh ) used before a verb in the present or perfect, to which is appended the particle x (short for xejn = nothing). A verb ending in a changes the vowel to iex in the negative.

# DICTIONARY AND PHRASEBOOK

| *AFFIRMATIVE:* | *NEGATIVE:* |
|---|---|
| kiel | ma kielx  (he didn't eat) |
| hija | m'hijiex  (she isn't) |
| għandi | m'għandix  (I don't have) |
| kitbitlu | ma kitbitlux  (she didn't write to him) |

Following is the conjugation of the verbs *to be* and *to have* in the affirmative and negative forms in the Present tense.

| *SINGULAR:* | jiena | I am | m'iniex | I am not |
|---|---|---|---|---|
| | inti | you are | m'intix | you are not |
| | huwa | he is | m'huwiex | he is not |
| | hija | she is | m'hijiex | she is not |

| *PLURAL:* | ahna | we are | m'ahniex | we are not |
|---|---|---|---|---|
| | intom | you are | m'intomx | you are not |
| | huma | they are | m'humiex | they are not |

| *SINGULAR:* | għandi | I have | m'għandix | I don't have |
|---|---|---|---|---|
| | għandek | you have | m'għandekx | you don't have |
| | għandu | he has | m'għandux | he doesn't have |
| | għandha | she has | m'għandhiex | she doesn't have |

| *PLURAL:* | għandna | we have | m'għandniex | we don't have |
|---|---|---|---|---|
| | għandkom | you have | m'għandkomx | you don't have |
| | għandhom | they have | m'għandhomx | they don't have |

## THE FUTURE TENSE

The conjugation of the verbs *to be* and *to have* in the future tense is as follows:

| *TO BE:* | *TO HAVE:* |
|---|---|
| (jien) inkun  (I will be) | (jien) ikolli  (I will have) |
| (int) tkun  (you will be) | (int) ikollok  (you will have) |
| (hu) jkun  (he will be) | (hu) jkollu  (he will have) |
| (hi) tkun  (she will be) | (hi) jkollha  (she will have) |
| (ahna) nkunu  (we shall be) | (ahna) jkollna  (we shall have) |
| (intom) tkunu  (you will be) | (intom) ikollkom  (you will have) |
| (huma) jkunu  (they will be) | (huma) jkollhom  (they will have) |

In Maltese, the Present tense conveys also the future. There are various particles and verbs which can combine with the Present Tense to express different nuances to a future idea. The most common verb is ser abbreviated for sejjer (m), sejra (f), sejrin (pl) (going). Ser expresses an action that is going to take place. E.g. X'ser tagħmel il-lejla? (What will you be doing this evening?) Fejn ser immorru għada? (Where are we going tomorrow?).

# GUIDE TO PRONUNCIATION

| LETTER | PRONUNCIATION | IPA | WORD | TRANSCRIPTION |
|--------|---------------|-----|------|---------------|
| A  a | short, like u in shut<br>long, like a in far (2) | a<br>a: | falla<br>sala | [falla](1)<br>[sa:la] |
| B  b | more forcefully voiced<br>than English b | b | blu | [blu] |
| Ċ  ċ | like ch in church | tʃ | ċoff | [tʃoff] |
| D  d | more forcefully voiced<br>than English d | d | demm | [demm] |
| E  e | short, like e in shed<br>long, like ai in hair | e<br>e: | dèll<br>ġelu | [dell]<br>[dze:lu] |
| F  f | like English f | f | frott | [frott] |
| Ġ  ġ | like j  in join | dz | ġbejna | [dzbeyna] |
| G  g | like g in great;<br>more forcefully voiced<br>than in English | g | gardell | [gardell] |
| H  h | silent | | fehma | [fe:ma] |
|  | like h in house when at<br>the end of a word | h | fih | [feah] |
| Ħ  ħ | like h in house | h | ħamsa | [hamsa] |
| I  i | short, like i in fit<br>long, like ee in jeep | i<br>i: | fitt<br>ilu | [fitt]<br>[i:lu] |
| J  j | like y in yes | y | jannar | [yanna:r] |
| K  k | like k in kit | k | kelma | [kelma] |
| L  l | like l in life | l | landa | [landa] |
| M  m | as in English | m | mans | [mans] |
| N  n | as in English | n | nisel | [nisel] |
| O  o | short, like o in got | o | bott | [bott] |
|  | long, like aw in law | o: | sod | [so:t] |
| GĦ  gh | mostly silent (3) | | gharef | [a:ref] |

| P p | unaspirated in Maltese, aspirated in English | p | patata | [pata:ta] |
| Q q | glottal plosive sound produced by the closure of the vocal chords followed by their quick separation | q | dqiq | [dqeaq] |
| R r | rolled as in Italian r | r | marsus | [marsu:s] |
| S s | like s in sea; stronger sibilant than in English | s | sinjur | [sinyu:r] |
| T t | like t in French tante; Maltese t is dental and unaspirated | t | tfajla | [tfayla] |
| U u | short, like u in full long, like oo in fool | u u: | fulkru ħut | [fulkru] [hu:t] |
| V v | as in English | v | iva | [i:va] |
| W w | like w in war | w | werwer | [werwer] |
| X x | like sh in sheep | ʃ | xadina | [ʃadi:na] |
| Ż ż | voiced, like z in fuzz; stronger sibilant than in English | z | żunżan | [zunza:n] |
| Z z | unvoiced, like ts in hats voiced, like ds in suds | ts ds | pinzell zona | [pintsell] [dso:na] |

(1)    Doubled consonants are to be lengthened phonetically at the beginning of a word or inside it. Thus ll in falla must be pronounced not with one l as in English fuller but with the first l closing the first syllable and with the second l opening the second syllable. Approximate phonetic analogy in English would be the pronunciation of full + life.

> E.g.    tikka   [tikka]
> quddiesa   [quddeasa]

(2)    General rules governing the length of vowels:

--- All vowels at the end of a word are short and unstressed.

> E.g.    ħarufa   [haru:fa]
> kriżi   [kri:zi]

--- All vowels are long when they are stressed and are followed by one consonant . They are short when followed by more than one consonant.

> E.g.    ħuttafa   [hutta:fa]
> magna   [magna]

DICTIONARY AND PHRASEBOOK

--- A long vowel becomes shorter when the word in which it occurs is followed by a word beginning with a consonant and carrying the main stress.

> E.g.   dar   [da:r]
>        dar maħmuġa   [dar mahmu:dza]
>        kruż   [kru:s]
>        kruż mediterran   [krus mediterra:n]

N.B.   The common vocalic combination ie in such words as bierek, miet, siefer, snien is phonetically represented by [ea]. It is approximately pronounced like English ea in sear, fear, near.

> E.g.   kiefer   [keafer]
>        miġġieled   [middzealet]

(3)   GĦ is regarded as a single letter in Maltese. When it precedes or follows any one of the vowels a, e, o it prolongs the sound of the vowel. In the phonetic transcription this is shown by : after the vowel concerned.

> E.g.   għamel   [a:mel]
>        boghod   [bo:t]

N.B.   Given the scope of this book, long and stressed vowels are indicated accordingly in any word in a given context.

N.B.   Following doubled consonants are transcribed phonetically:

>                 ġġ  =  [ddz]
>                 ċċ  =  [ttʃ]
>    (unvoiced)  zz  =  [tts]
>      (voiced)  zz  =  [dds]

When gh is followed by the vowel i it takes the sound of ay [ey] in the English word bay. When gh is followed by the vowel u it takes the sound of ou [ow] in the English word soul.

> E.g.   tieghi   [teae:y]
>        mieghu   [meao:w]

When gh is the final letter in a word, it is pronounced as a soft aspirate sound like h in the English word hair.

> E.g.   bejjiegħ   [beyyeah]
>        uġigħ   [udzi:h]

N.B.   The silent letter h like gh lengthens the preceding and/or following vowel.

> E.g.   deher   [de:r ]
>        hemeż   [e:mes]

# DICTIONARY

# MALTESE - ENGLISH

Nouns are followed by the abbreviations (m) for masculine, (f) for feminine, or (pl) for plural. Adjectives are entered in their masculine form.

# A a

abbona [abbo:na] to subscribe
abbonament (m) [abbonament] subscription
abbord [abbort] on board
abbuża [abbu:za] to abuse
abjad [abyat] white
aċċent (m) [attʃent] accent
aċċident (m) [attʃident] accident
adapter (m) [adapter] adaptor
addoċċ [addottʃ] at random
adult (m) [adult] grown-up
affaxxinanti [affaʃinanti] fascinating
aġenzija tas-safar (f) [adzentsiyya tassafar] travel agency
aħna [ahna] we
aħrax [ahraʃ] harsh
aħwa (pl) [ahwa] brothers
aħżen [ahzen] worse
ajjut (m) [ayyu:t] help
ajma [ayma] ouch
ajruplan (m) [ayrupla:n] aircraft
ajruport (m) [ayruport] airport
akbar [akbar] larger, older
alfabet (m) [alfabett] alphabet
aljotta (f) [alyotta] fish soup
alka (f) [alka] seaweed
alkoħol (m) [alkoho:l] alcohol
alla (m) [alla] god
allerġija (f) [allerdziyya] allergy
allura [allu:ra] in that case
ambaxxata (f) [ambaʃʃa:ta] embassy
ambjent (m) [ambyent] environment
ambulanza (f) [ambulantsa] ambulance
Amerika (f) [amerika] America
Amerikan (m) [amerika:n] American
ammont (m) [ammont] amount
anki [anki] too
ankra (f) [ankra] anchor
annimal (m) [annima:l] animal

ansjetà (f) [ansyeta] anxiety
antenat (m) [antena:t] ancestor
antik [anti:k] ancient
agħar [a:r] worse
appuntament (m) [appuntament] appointment
April (m) [apri:l] April
aptit (m) [apti:t] appetite
aqwa [aqwa] stronger
aranġata (f) [arandza:ta] orangeade
arja (f) [arya] air
arloġġ (m) [arlottʃ] watch, clock
armarju (m) [armaryu] cupboard
armel (m) [armel] widower
armla (f) [armla] widow
arroganti [arroganti] arrogant
art (f) [art] ground
artiċokk (m) [artitʃokk] artichoke
artiġjan (m) [artidzya:n] craftsman
artrite (f) [artri:te] arthritis
aspargu (m) [aspargu] asparagus
aspru [aspru] harsh, rude
assedju (m) [assedyu] siege
assurd [assurt] absurd
atleta (m) [atle:ta] athlete
attent [attent] attentive
attriċi (f) [attri:tʃi] actress
attur (m) [attu:r] actor
avukat (m) [avuka:t] lawyer
avviż (m) [avvi:s] notice
avża [avza] to give someone notice
awrina (f) [awri:na] urine
awtlet (m) [awtlet] outlet
awtorità (f) [awtorita] authority
awtriċi (f) [awtri:tʃi] authoress
awtur (m) [awtu:r] author
Awwissu (m) [awwissu] August
awwista (f) [awwista] lobster
azzar (m) [attsa:r] steel
azzjoni (f) [attsyo:ni] action

# MALTESE-ENGLISH/ENGLISH-MALTESE

## B b

baffi (pl) [baffi] whiskers
baġġ (m) [batt/] badge
bagalja (f) [bagalya] suitcase
baħar (m) [bahar] sea
baħnan [bahna:n] simple minded
baħri (m) [bahri] sailor
bajda (f) [bayda] egg
balbuljata (f) [balbulya:ta] scrambled eggs with tomatoes; mess
ballu (m) [ballu] ball; dance
ballun (m) [ballu:n] ball
banavolja (m) [banavolya] scoundrel
bandiera (f) [bandeara] flag
bank (m) [bank] bank; bench
bankina (f) [banki:na] sidewalk
baqqa (f) [baqqa] bug
baqra (f) [baqra] cow
barbier (m) [barbear] barber
barka (f) [barka] blessing
barmejd (f) [barmeyt] barmaid
barmil (m) [barmi:l] bucket
barra [barra] outside
basket (m) [basket] basket
basla (f) [basla] onion
bata [ba:ta] to suffer
batut [batu:t] suffering; weak
baxx [ba//] low; shallow; vulgar
(i)bbawnsja [ibbawnsya] to bounce
(i)bblaffja [ibblaffya] to bluff
(i)bbojkottja [ibboykottya] to boycott
(i)bbukkja [ibbukkya] to book
bebbuxu (m) [bebbu:/u] snail
beda [beda] to start
bejjiegh (m) [beyyeah] seller
bejn [beyn] between
bejgh (m) [beyh] selling; sale
bejt (m) [beyt] roof
bejżbol (m) [beysboll] baseball
beka [beka] to weep
bela' [bela] to swallow
bellus (m) [bellu:s] velvet
belt (f) [belt] city
bena [bena] to build
benestant (m) [benestant] well off
bengila (f) [bendzi:la] bruising
benniena (f) [benneana] cradle
benzina (f) [bentsi:na] gas
beritta (f) [beritta] cap
berqa (f) [berqa] lightning
berquqa (f) [berqu:qa] apricot
bettieħa (f) [betteaha] melon
beża' [beza] to fear
bewsa (f) [bewsa] kiss
bħal [phal] similar to
bibbja (f) [bibbya] bible
bibita (f) [bibita] refreshments
biċċa (f) [bitt/a] piece
bidel [bidel] to change
bidu (m) [bidu] beginning
bidwi (m) [bidwi] peasant

bieb (m) [beap] door
biegh [beah] to sell
bieghed [beaet] to send away; to avert
bieraħ [bearah] yesterday
bierek [bearek] to bless
bies [beas] to kiss
biex [bea/] in order to
biljett (m) [bilyett] ticket
bint (f) [bint] daughter
bir (m) [bi:r] well
birra (f) [birra] beer
biskott (m) [biskott] biscuit
bitħa (f) [bitha] courtyard
bixkilla (f) [bi/killa] wicker basket
biża' (m) [biza] fear
biżnis (m) [biznis] business
biżżejjed [bizzeyyet] enough
bizzilla (f) [bittsilla] lace
blata (f) [bla:ta] rock
blu [blu] blue
bluħa (f) [bluwa] folly
bluża (f) [blu:za] blouse
bnazzi (m) [bnattsi] fine weather
bniedem (m) [bneadem] man; mankind
bnin [bni:n] savory
bolla (f) [bolla] postage stamp
bomba (f) [bomba] bomb
borma (f) [borma] cooking pot
borra (f) [borra] snowflakes
borża (f) [borza] purse
bosk (m) [bosk] forest
bosta [bosta] many
boxxla (f) [bo//la] compass
bozza (f) [bottsa] electric lamp
bqija (f) [bqiyya] rest; change (money)
bravu [bra:vu] capable; well done!
bravura (f) [bravu:ra] feat
brejk (m) [breyk] break; brake
bringiela (f) [brindzeala] eggplant
brodu (m) [bro:du] broth
btala (f) [pta:la] vacation
buffu (m) [buffu] comic
buljut (m) [bulyu:t] boiled meat
bugħarwien (m) [buarwean] slug
bugħawwieġ (m) [buaweat/] cramp
burdata (f) [burda:ta] good/bad mood
burdell (m) [burdell] brothel; rowdiness
burò (m) [buro] writing desk
burraxka (f) [burra/ka] squall; storm
but (m) [bu:t] pocket
butir (m) [buti:r] butter
bużżieqa (f) [buzzeaqa] balloon; bladder; blister
bżar (m) [bza:r] pepper
bżonn (m) [bzonn] need

# Ċ ċ

ċajta (f) [tʃayta] joke
cajtier [tʃaytear] good-humored
ċans (m) [tʃans] opportunity
ċagħka (f) [tʃaːka] pebble
ċapċip (pl) [tʃaptʃiːp] applause
ċappas [tʃappas] to stain; to soil
ċar [tʃaːr] clear
ċarrat [tʃarrat] to tear
ċatt [tʃatt] flat
ċavetta (f) [tʃavetta] key
(i)ċċajpar [ittʃaypar] to be overcast
(i)ċċajta [ittʃayta] to joke
(i)ċċara [ittʃaːra] to make clear; to become clear
(i)ċċekkja [ittʃekkya] to check
(i)ċċertifika [ittʃertifika] to certify
ċeda [tʃeːda] to give something up
ċekk (m) [tʃekk] check
ċempel [tʃempel] to ring (a bell); to phone
ċentru (m) [tʃentru] center; downtown
ċert [tʃert] certain

ċertifikat (m) [tʃertifikaːt] certificate
ċiċra (f) [tʃitʃra] green pea
ċikatriċi (f) [tʃikatriːtʃi] scar
ċikkulata (f) [tʃikkulaːta] chocolate
ċikwejra [tʃikweyra] chicory
ċilindru (m) [tʃilindru] cylinder
ċimiterju (m) [tʃimiteryu] cemetery
ċinema (f) [tʃinema] cinema
ċinga (f) [tʃinga] strap
ċintorin (m) [tʃintoriːn] belt
ċipress (m) [tʃipress] cypress
ċirasa (f) [tʃiraːsa] cherry
ċirkulazzjoni (f) [tʃirkulattsyoːni] circulation
ċirkustanza (f) [tʃirkustantsa] circumstance
ċkejken [tʃkeyken] little
ċoff (m) [tʃoff] bow
ċomb (m) [tʃomp] lead
ċpar (m) [tʃpaːr] fog
ċuċ (m) [tʃuːtʃ] fool
ċuċata (f) [tʃutʃaːta] something silly

# D d

dahar (m) [da:r] back
dahak [dahak] to laugh
dahal [dahal] to enter
dahk (m) [dahk] laughter
dak [da:k] that
dalam [dalam] to get dark
dalghodu [dalo:du] this morning
dalwaqt [dalwaqt] soon
dam [da:m] to take a long time in doing something
dan [da:n] this
dannu (m) [dannu] damage
daghwa (f) [da:wa] blasphemy
daqq [daqq] to play a musical instrument
daqs (m) [daqs] size
daqsinsew [daqsinsew] equal
dar [da:r] to turn; to go round
dar (f) [da:r] house
dara [dara] to get used to
darba (f) [darba] once
dardar [dardar] to cause nausea; to make turbid
dari [da:ri] formerly
data (f) [da:ta] date
dawl (m) [dawl] light
dawmien (m) [dawmean] delay
dawwal [dawwal] to illuminate; to enlighten
dazju (m) [datsyu] customs duty
(i)ddajvja [iddayvya] to dive
(i)ddardar [iddardar] to feel nausea
(i)ddecifra [iddet/ifra] to decipher
(i)ddefenda [iddefenda] to defend
(i)ddejjaq [iddeyyaq] to feel annoyed with something
(i)ddenunzja [iddenuntsya] to denounce
(i)ddepożita [iddepo:zita] to deposit
(i)ddeskriva [iddeskri:va] to describe
(i)ddeverta [iddeverta] to have fun
(i)ddewwem [iddewwem] to be delayed
(i)ddisgusta [iddisgusta] to disgust
(i)ddisturba [iddisturba] to disturb
(i)ddobba [iddobba] to obtain
(i)ddraggja [iddraggya] to drug
debboli [debboli] feeble
deċiżjoni (f) [det/izyo:ni] decision
deheb (m) [de:p] gold
deher [de:r] to appear
dehra (f) [de:ra] apparition
dejjaq [deyyaq] to make narrow; to annoy
dejn (m) [deyn] debt
delitt (m) [delitt] crime
dell (m) [dell] shadow
demm (m) [demm] blood
demgha (f) [dema] tear

denb (m) [denp] tail
deni (m) [deni] fever
deodorant (m) [deodorant] deodorant
dewwa [dewwa] to heal; to medicate
dezert (m) [dezert] desert
deżerta (f) [dezerta] dessert
dhuli [thu:li] agreeable
diċerija (f) [dit/eriyya] hearsay
dielja (f) [dealya] vine
dieta (f) [deata] diet
difer (m) [difer] nail (of finger or toe)
difett (m) [difett] defect
diffiċli [diffit/li] difficult
dijabete (f) [diyabe:te] diabetes
dijarea (f) [diyarea] diarrhea
dilettant (m) [dilettant] amateur
dineb [dinep] to sin
dinja (f) [dinya] world
disklu [disklu] dissolute
diskors (m) [diskors] speech
diskow (m) [diskow] discodance
disgha [disa] nine
disghin [diseyn] ninety
ditta (f) [ditta] business firm
divertiment (m) [divertiment] amusement
dizzjunarju (m) [dittsyunaryu] dictionary
djalett (m) [dyalett] dialect
djamant (m) [dyamant] diamond
djoċesi (f) [dyot/esi] diocese
dmir (m) [dmi:r] duty
dnub (m) [dnu:p] sin
dghajsa (f) [da:ysa] boat
dolċerija (f) [dolt/eriyya] confectionery
dollaru (m) [dollaru] dollar
domanda (f) [domanda] question
doppju [doppyu] double
doża (f) [do:za] dose
dqiq (m) [tqi:q] flour
dragg (m) [dragg] drug
dramm (m) [dramm] play
drapp (m) [drapp] fabric
driegh (m) [dreah] arm
drink (f) [drink] drink
dritt [dritt] straight
dubbiena (f) [dubbeana] common fly
dubju (m) [dubyu] doubt
dublett (m) [dublett] skirt
duda (f) [du:da] worm
duhhan (m) [duhha:n] smoke
dulliegha (f) [dulleaa] water melon
dundjan (m) [dundya:n] turkey
duwa (f) [du:wa] cure; medicine
dwana (f) [dwa:na] customs
dwejjaq (pl) [dweyyaq] worries

# E e

ebda [ebda] not a...; not a single...
eċċitanti [ettʃitanti] exciting
egżost (m) [ekzost] exhaust
eħżen [ehzen] worse
ejja [eyya] come; hurry up
ekspress [ekspress] express
elektrixin (m) [elektriʃin] electrician
elettriku [elettriku] electric
emerġenza (f) [emerdzentsa] emergency
emmen [emmen] to believe
emozzjoni (f) [emottsyo:ni] emotion
enerġija (f) [enerdziyya] energy
erbatax [erbata:ʃ] fourteen
erbgħa [erba] four
erbgħin [erbeyn] forty

esaġera [esadzera] to exaggerate
esperjenza (f) [esperyentsa] experience
espert (m) [espert] expert
età (f) [eta] age
evanġelju (m) [evandzelyu] gospel
evviva [evvi:va] long live; your health
ewlieni [ewleani] primary
ewwel [ewwel] first
eżami (m) [eza:mi] examination
eżatt [ezatt] precise
eżempju (m) [ezempyu] example
eżerċizzju (m) [ezertʃittsyu] exercise

# F f

fabbrika (f) [fabbrika] factory
faċċata (f) [fattʃaːta] façade
faċċol (m) [fattʃoːl] hypocrite
fada [fada] to trust
faħħar [fahhar] to praise
fakkar [fakkar] to remind
falliment (m) [falliment] bankruptcy
falz [falts] false
fama (f) [faːma] reputation
familja (f) [familya] family
faqa' [faqa] to burst; to explode
faqar (m) [faqar] poverty
faqqa' [faqqa] to burst something
fardal (m) [fardaːl] apron
farfett (m) [farfett] butterfly
farsa (f) [farsa] farce
fattizzi (pl) [fattittsi] facial features
favur (m) [favuːr] favor
faxxa (f) [faʃʃa] bandage
fażola (f) [fazoːla] beans
fehem [feːm] to understand
fehma (f) [feːma] opinion
fejn [feyn] where
felah [felah] to be strong; to be in
good health
fellus (m) [felluːs] chicken
fenek (m) [fenek] rabbit
ferah [ferah] to be glad
ferita (f) [feriːta] wound
feroċi [feroːtʃi] fierce
fgat [fgaːt] choked
fi [fi] in; at; inside
fidi (f) [fiːdi] faith
fidil [fidiːl] faithful
fiera (f) [feara] fair
figolla (f) [figolla] pastry figure
fila (f) [fiːla] row
filghaxija [filaʃiyya] in the evening
filghodu [filoːdu] in the morning

firdiferru (m) [firdiferru] metal wire
fired [firet] to separate
firex [fireʃ] to spread
fitt [fitt] importunate
fittex [fitteʃ] to seek; to inquire
fixkel [fiʃkel] to obstruct; to disturb
by interrupting
fjakk [fyakk] weak, hungry
fjura (f) [fyuːra] flower
fjus (m) [fyuːs] electric fuse
flimkien [flimkean] together
flixkun (m) [fliʃkuːn] bottle
flus (pl) [fluːs] money
folla (f) [folla] crowd
fond (m) [font] bottom
fonqla (m, f) [fonqla] bore;
querulous person
forza (f) [fortsa] force
fost [fost] between
fotta [fotta] (vulgar) to cheat
frawla (f) [frawla] strawberry
frażi (f) [fraːzi] phrase
frisk [frisk] cool weather; fresh
froġa (f) [froːdza] omelette
frott (m) [frott] fruit
ftit [ftiːt] small amount
ftuh (m) [ftuːh] opening;
inauguration
fuħħar (m) [fuhhaːr] pottery
ful (m) [fuːl] garden beans
funtana (f) [funtaːna] fountain
funzjoni (f) [funtsyoːni] function
fuq [fuːq] on; upon
furfiċetta (f) [furfitʃetta] hairpin
furketta (f) [furketta] fork
futbol (m) [futbol] football; soccer
futur (m) [futuːr] future
fwieha (f) [fweaha] fragrance;
perfume

# Ġ ġ

ġab [dza:p] to bring; to procure
ġabar [dzabar] to collect; to pick up
ġabra (f) [dzabra] collection
Ġappun (m) [dzappu:n] Japan
Ġappuniż [dzappuni:s] Japanese
ġar (m) [dza:r] neighbor
ġardiniera (f) [dzardineara] pickled vegetables
ġarr [dzarr] to carry; to move
ġarrab [dzarrap] to experience; to try on
ġawhra (f) [dzawra] pearl
ġbejna (f) [dzbeyna] small cheese
ġbin (m) [dzbi:n] forehead
ġdid [dzdi:t] new
ġema' [dzema] to gather; to assemble
ġelat (m) [dzelat] ice cream
ġelosija (f) [dzelosiyya] jealousy
ġeneruż [dzeneru:s] generous
ġenitur (m) [dzenitu:r] parent
ġenn (m) [dzenn] madness
ġenna (f) [dzenna] paradise
ġennen [dzennen] to drive someone crazy
ġens (m) [dzens] people; ethnic group
ġera [dzera] to run; to roam about
Ġermanja (f) [dzermanya] Germany
Ġermaniż [dzermani:s] German
ġewnah (m) [dzewnah] wing
ġewwa [dzewwa] inside
(i)ġġammja [iddzammya] to jam
(i)ġġarrab [iddzarrap] to be tried

(i)ġġarraf [iddzarraf] to fall down
(i)ġġenera [iddzenera] to generate
(i)ġġennen [iddzennen] to become crazy
(i)ġġieled [iddzealet] to fight; to quarrel
(i)ġġoggja [iddzoggya] to jog
(i)ġġusta [iddzusta] to adjust
ġibed [dzibet] to pull; to attract; to withdraw money
ġibs (m) [dzips] chalk
ġid (m) [dzi:t] wealth
ġidra (f) [dzidra] turnip
ġie [dzea] to come; to become; to happen; to fit
ġilda (f) [dzilda] skin
ġinglien (m) [dzindzlean] sesame
ġirasol (f) [dziraso:l] sunflower
ġirien (pl) [dzirean] neighbors
ġisem (m) [dzisem] body
ġiżirana (f) [dzizira:na] necklace
ġlieda (f) [dzleada] fight
ġmiel (m) [dzmeal] beauty
ġnien (m) [dznean] garden
ġobon (m) [dzobon] cheese
ġog (m) [dzo:k] joint
ġrajja (f) [dzrayya] event; story
ġranet (pl) [dzra:net] days
ġublew (m) [dzuble:w] jubilee
ġuh (m) [dzu:h] hunger
ġurament (m) [dzurament] oath
ġurdien (m) [dzurdean] mouse
ġurnal (m) [dzurna:l] newspaper
ġurnata (f) [dzurna:ta] day
ġuvni (m) [dzuvni] young man

MALTESE-ENGLISH/ENGLISH-MALTESE

# G g

gaġġa (f) [gaddza] cage
galanterija (f) [galanteriyya] politeness
galbu [galbu] good manners
gallerija (f) [galleriyya] balcony
gallun (m) [gallu:n] gallon
gamblu (m) [gamblu] shrimp
gandott (m) [gandott] gutter
garanti (m) [garanti] guarantor
garax (m) [gara:ʃ] garage
garigor (m) [garigo:r] spiral staircase
garża (f) [garza] gauze
gawda [gawda] to enjoy
gażaża (f) [gaza:za] pacifier
gazzetta (f) [gaddzetta] newspaper
geddum (m) [geddum] lower jaw
gerfex [gerfeʃ] to disorder; to rummage
gerger [gerger] to grumble
gerżuma (f) [gerzu:ma] throat
geżwer [gezwer] to wrap up something
(i)ggarantixxa [iggaranti/ʃa] to guarantee
(i)ggargarizza [iggargarittsa] to gargle
(i)ggoffa [iggoffa] to be rude; to overeat
(i)ggosta [iggosta] to like; to relish
(i)ggrillja [iggrillya] to grill
(i)ggruppa [iggruppa] to group
(i)ggverna [iggverna] to govern
(i)ggwida [iggwi:da] to guide
gidba (f) [gidba] lie
gideb [gidep] to tell a lie
gidem [gidem] to bite

glandola (f) [glandola] gland
globu (m) [glo:bu] globe
goff [goff] clumsy; rude
gozz (m) [gotts] heap
gramm (m) [gramm] gram
grammatika (f) [gramma:tika] grammar
granċ (m) [grantʃ] swimming crab
grass (m) [grass] fat; grease
grat [gra:t] grateful
gratis [gratis] free of charge
grawnd (m) [grawnt] playing field
grazzja (f) [grattsya] grace
gremxula (f) [grem/u:la] lizard
griefex (m) [greafeʃ] bungled work; rubbish
Grieg (m) [greak] Greek
grokk (m) [grokk] grog
grupp (m) [grupp] group
gundalla (f) [gundalla] swelling; bump
gverta (f) [gverta] blanket; deck of a ship
gwadann (m) [gwadann] gain; profit
gwaj (m) [gway] mishap; woe
gwapp [gwapp] of outstanding quality
gwardarobba (f) [gwardarobba] wardrobe
gwardjan (m) [gwardya:n] guardian; curator
gwarniċ (m) [gwarni:tʃ] picture frame
gwerra (f) [gwerra] war
gżira (f) [gzi:ra] island

## H h

hajm (m) [a:ym] affectation
hawn [a:wn] here
hedded [eddet] to threaten
hekk [ekk] in this manner; so
hemm [emm] there

hena (f) [e:na] happiness
heżżeż [ezze:s] to shake; to quake
huwa (m) [uwwa] he
huma (m) [u:ma] they

# Ħ ħ

ħa [ha] to take; to receive
ħabaq (m) [habaq] basil
ħabat [habat] to collide; to hit
ħabb [happ] to love
ħabbata (f) [habba:ta] door knocker
ħabel (m) [habel] rope
ħabeż [habes] to bake bread
ħabta (f) [hapta] collision; blow
ħadd (m) [hatt] no one
Ħadd (m) [hatt] Sunday
ħaddan [haddan] to embrace
ħaddied (m) [haddeat] blacksmith
ħadem [hadem] to work
ħadid (m) [hadi:t] iron
ħafer [hafer] to forgive
ħafi [ha:fi] barefooted
ħafna [hafna] much; many
ħaġa [ha:dza] thing
ħaġa moħġaġa (f) [ha:dza mohdza:dza] riddle
ħajja (f) [hayya] life
ħajt (m) [hayt] wall
ħakk (m) [hakk] itching; grating
ħalaq [halaq] to create; to invent
ħalef [halef] to swear
ħalib (m) [hali:p] milk
ħall (m) [hall] vinegar
ħall [hall] to untie; to dissolve
ħalla [halla] to leave
ħallas [hallas] to pay
ħallata (f) [halla:ta] medley
ħalliel (m) [halleal] thief
ħamiema (f) [hameama] pigeon
Ħamis (m) [hami:s] Thursday
ħammeġ [hammet/] to dirty
ħamra [hamra] red
ħamrija [hamriyya] soil
ħamsa [hamsa] five
ħamsin [hamsi:n] fifty
ħandikapp (m) [handikapp] handicap
ħanek (m) [hanek] gum
ħanin [hani:n] kindhearted
ħanut (m) [hanu:t] store; shop
ħanzir (m) [hanzi:r] pig
ħarab [harap] to escape
ħaraq [haraq] to burn
ħareġ [haret/] to go out
ħarir (m) [hari:r] silk
ħaseb [hasep] to think
ħasel [hasel] to wash

ħasra (f) [hasra] distress; pity
ħass [hass] to feel
ħass (m) [hass] lettuce
ħawħa (f) [hawha] peach
ħawwad [hawwat] to mix up; to stir; to confuse
ħawwel [hawwel] to plant
ħaxix (m) [ha/i:/] grass
ħażen [hazen] to store
ħażen (m) [hazen] evil
ħażżeż [hazzes] to draw lines; to scribble
ħbiberija (f) [hbiberiyya] friendship
ħdax [hda:/] eleven
ħeba [heba] to hide
ħejja [heyya] to prepare
ħela [hela] to waste
ħeles [heles] to free oneself; to liberate
ħelsien (m) [helsean] freedom
ħemda (f) [hemda] stillness
ħerba (f) [herba] devastation
ħġieġ (m) [hdzeat/] glass (material)
ħiet [heat] to sew
ħila (f) [hi:la] ability
ħin (m) [hi:n] time
ħjar (m) [hya:r] cucumber
ħlas (m) [hla:s] payment
ħlewwa (f) [hlewwa] sweetness
ħlief [hleaf] except for
ħlieqa (f) [hleaqa] joke
ħmar (m) [hma:r] donkey
ħmieġ (m) [hmeat/] filth
ħmistax [hmista:/] fifteen
ħobż (m) [hops] bread
ħofra (f) [hofra] hole
ħoġor (m) [hodzor] lap
ħolma (m) [holma] dream
ħolom [holom] to dream
ħrafa (f) [hra:fa] tale; fable
ħsara (f) [hsa:ra] damage
ħsejjes (pl) [hseyye:s] sounds
ħsieb (m) [hseap] thought
ħtieġa (f) [hteadza] need
ħu (m) [hu] brother
ħuta (f) [hu:ta] fish
ħwawar (pl) [hwa:war] spices
ħxejjex (pl) [h/eyye/] vegetables

iben (m) [iben] son
iblah [iblah] foolish
ićken [it/ken] smaller; younger
id (f) [i:t] hand
idea (f) [idea] idea
idjaq [idyaq] narrower
iebes [eabes] hard
iehor [eahor] other
iġifieri [idzifeari] that is to say
iġjene (f) [idzye:ne] hygiene
ikbar [ikbar] larger; older
ikhal [ikhal] blue
ikla (f) [ikla] meal
ikrah [ikrah] uglier
ilħna (pl) [ilħna] voices
illum [illu:m] today
imbarazz (m) [imbaratts]
embarrassment; rubbish
imbroljun (m) [imbrolyu:n] swindler;
crook
imbuljuta (f.) [imbulyu:ta] chestnut
soup
imma [imma] but; nevertheless
impenn (m) [impenn] engagement;
pledge
imperu (m) [impe:ru] empire
impressjoni (f) [impressyo:ni]
impression
inċova (f) [int/o:va] anchovy
indiċi (m) [indit/i] index
individwu (m) [individwu] individual
infart (m) [infart] heart attack
infatti [infatti] as a matter of fact
infaxxatura (f) [infa//atu:ra]
bandaging
infermier (m) [infermear] nurse
infern (m) [infern] hell
infezzjoni (f) [infettsyo:ni] infection
influwenza (f) [influwentsa]
influenza
inġinier (m) [indzinear] engineer
Ingilterra (f) [ingilterra] England

Ingliż (m) [ingli:s] English
injama (f) [inya:ma] wood
injezzjoni (f) [inyettsyo:ni] injection
inkassa [inkassa] to cash
inkjesta (f) [inkyesta] investigation
inkonxju [inkon/yu] unconscious
inkwatru (m) [inkwatru] framed
picture
inkwiet (m) [inkweat] trouble
inkwieta [inkweata] to be upset
innu (m) [innu] hymn
insalata (f) [insala:ta] salad
insett (m) [insett] insect
insinwa (f) [insinwa] registry; record
office
int [int] you
interess (m) [interess] interest
intervista (f) [intervista] interview
intimu [intimu] intimate
intopp (m) [intopp] obstacle
invidja (f) [invi:dya] envy
inxurans (f) [in/u:rans] insurance
ipokrisija (f) [ipokrisiyya] hypocrisy
ipoteka (f) [ipote:ka] mortgage
irħas [irħas] cheaper
isbaħ [isbah] more beautiful
isem (m) [isem] name
isfar [isfar] yellow
isfel (m) [isfel] down
isfra (pl) [isfra] yolks
isqof (m) [isqof] bishop
issa [issa] now
iswed [iswet] black
ittra (f) [ittra] letter (written
message)
iva [i:va] yes
iżda [izda] however; nevertheless
iżjed [izyet] more
iżghar [izar] smaller; younger
iżżejjed [izzeyyet] too much

# J j

**Jannar** (m) [yanna:r] January
**jasar** (m) [yasar] slavery
**jedd** (m) [yett] right; claim
**jekk** [yekk] if
**jien** [yean] I; I am

**jiġifieri** [yidzifeari] that is to say
**jogurt** (m) [yogurt] yogurt
**jum** (m) [yu:m] day

# K k

kaboċċa (f) [kabottʃa] cabbage
kabbar [kabbar] to enlarge
kaċċa (f) [kattʃa] hunting
kafè (m) [kafe] coffee
kafetterija (f) [kafetteriyya] coffeehouse
kafettiera (f) [kafetteara] coffeepot
kaħlani [kaħla:ni] bluish
kalamita (f) [kalami:ta] magnet
kalibru (m) [kalibru] caliber
kalorija (f) [kaloriyya] calorie
kambju (m) [kambyu] rate of exchange
kampanja (f) [kampanya] countryside
kampjun (m) [kampyu:n] sample; pattern
kampnar (m) [kampna:r] belfry
kamra (f) [kamra] room
kanċer (m) [kantʃer] cancer
kannizzata (f) [kannittsa:ta] trellis
kannokkjali (m) [kannokkya:li] binoculars
kant (m) [kant] singing
kanta [kanta] to sing
kantuniera (f) [kantuneara] street corner
kapaċi [kapa:tʃi] able
kappara (f) [kappa:ra] caper shrub and vegetable
kappell (m) [kappell] hat
kappella (f) [kappella] chapel
kapriċċ (m) [kapritt ʃ] caprice; whim
karattru (m) [karattru] character
karfusa (f) [karfu:sa] celery
karg [kark] dark (color)
karità (f) [karita] charity
karozza (f) [karottsa] car; public bus
karta (f) [karta] paper
kaskata (f) [kaska:ta] waterfall
kastig (m) [kasti:k] punishment
katavru (m) [katavru] corpse
katina (f) [kati:na] chain
Kattoliku [kattoliku] Catholic
kavall (m) [kavall] mackerel
kawba (f) [kawba] mahogany
kawkaw (m) [kawkaw] cocoa
kawlata (f) [kawla:ta] vegetable soup; mess
kawża (f) [kawza] cause
kaxxa (f) [kaʃʃa] box
kaxxier (m) [kaʃʃear] cashier
każ (m) [ka:s] case
kbir [gbi:r] large; old
kċina (f) [ktʃi:na] kitchen
kejl (m) [keyl] measure
kelb (m) [kelp] dog
kelma (f) [kelma] word

kemm [kemm]  how much; how many
kenn (m) [kenn] shelter; refuge
kesaħ [kesah] to cool
keskes [keskes] to instigate
kewkba (f) [kewkba] star
kexxun (m) [keʃʃu:n] drawer
kiber [kiber] to grow; to grow up
kiefer [keafer] cruel
kieku [keaku] if; admitting that
kiel [keal] to eat
kien [kean] to be
kiesaħ [keasah] cold
kif [ki:f] how
kina (f) [ki:na] chinaware
kines [kines] to sweep
kiseb [kisep] to obtain
kiser [kiser] to break; to rebuff
kisra (f) [kisra] a piece of bread; fracture
kisser [kisser] to shatter
kiteb [kitep] to write
kitla (f) [kitla] kettle
kixef [kiʃef] to uncover; to discover
kju (m) [kyu] queue
(i)kkaċċja [ikkattʃya] to hunt
(i)kkawża [ikkawza] to cause
(i)kkikkja [ikkikkya] to kick a ball
(i)kkollezzjona [ikkollettsyo:na] to make a collection
(i)kkomunika [ikkomu:nika] to communicate
(i)kkonfessa [ikkonfessa] to confess
(i)kkongratula [ikkongra:tula] to congratulate
(i)kkonvinċa [ikkonvintʃa] to convince
(i)kkopja [ikkopya] to copy
(i)kkorrisponda [ikkorrisponda] to correspond
(i)kkredita [ikkre:dita] to credit
klabb (m) [klapp] club
klaċċ (m) [klattʃ] clutch
klassi (f) [klassi] class
klawn (m) [klawn] clown
kleru (m) [kle:ru] clergy
kliewi (pl) [kleawi] kidneys
klikka (f) [klikka] clique
klima (f) [kli:ma] climate
kmand (m) [kmant] order
kmieni [kmeani] early
knisja (f) [knisya] church
koċċ (m) [kottʃ] small quantity
kok (m) [ko:k] cook
kolesterol (m) [kolesterol] cholesterol
kollox [kolloʃ] everything
komdu [komdu] comfortable
komma (f) [komma] sleeve

kompla [kompla] to continue

komplici (m, f) [komplit/i] accomplice

kondoljanza (f) [kondolyantsa] condolence

kondotta (f) [kondotta] behavior

konfoffa (f) [konfoffa] conspiracy

konfużjoni (f) [konfuzyo:ni] confusion

konkors (m) [konkors] competition

konoxxenza (f) [kono//entsa] acquaintance

konslu (m) [konslu] consul

kont (m) [kont] bill; account

kontorn (m) [kontorn] outline; side vegetable dish

kontra [kontra] against

kontraċettiv (m) [kontrat/etti:f] contraceptive

kontroll (m) [kontroll] control; verification

kopertina (f) [koperti:na] bookcover

kopja (f) [kopya] copy

koppja (f) [koppya] couple; pair

koppla (f) [koppla] dome

kor (m) [ko:r] choir

korriment (m) [korriment] injury; miscarriage

korruzzjoni (f) [korruttsyo:ni] corruption

kors (m) [kors] course; progess

kosta (f) [kosta] coast

kostum (m) [kostu:m] costume; usage

koxxa (f) [ko//a] thigh

kreditu (m) [kreditu] credit; trust

krema (f) [kre:ma] cream

kriminal (m) [krimina:l] criminal

kristall (m) [kristall] crystal

kriżi (f) [kri:zi] crisis

krozza (f) [krottsa] crutch

kruha (f) [kruwa] ugliness

kruż (m) [kru:s] cruise

ktieb (m) [kteap] book

kuċiniera (f) [kut/ineara] cooking stove

kuġin (m) [kudzi:n] cousin

kukrumbajsa (f) [kukrumbaysa] somersault

kulfejn [kulfeyn] wherever

kulħadd [kulhatt] everyone

kull [kull] every

kullana (f) [kulla:na] necklace

kulleġġ (m) [kullett/] college

kullimkien [kullimkean] everywhere

kumdità (f) [kumdita] comfort

kumment (m) [kumment] comment

kumpliment (m) [kumpliment] compliment

kundizzjoni (f) [kundittsyo:ni] condition

kunfidenza (f) [kunfidentsa] confidence; familiarity

kunjata (f) [kunya:ta] mother-in-law

kunjom (m) [kunyo:m] family name

kuntatt (m) [kuntatt] contact

kuntent [kuntent] happy

kuntratt (m) [kuntratt] contract

kunvent (m) [kunvent] convent

kura (f) [ku:ra] care; treatment

kuraġġ (m) [kuratt/] courage

kurjuż [kuryu:s] curious

kurrent (m) [kurrent] current; electrical current

kuskus (m) [kuskus] couscous

kustilja (f) [kustilya] rib

kutra (f) [kutra] blanket

kuxjenza (f) [ku/yentsa] conscience; consciousness

kwadru (m) [kwadru] picture; framed painting

kwalità (f) [kwalita] quality

kwantità (f) [kwantita] quantity

kwart (m) [kwart] quarter

kważi [kwa:zi] nearly; almost

kwiekeb (pl) [kweakep] stars

kwiet (m) [kweat] silence

kwiżż (m) [kwiss] quiz

lablab [lablap] to chatter; to jabber
labra (f) [labra] pin
laham (m) [laham] meat
lahaq [lahaq] to reach
lahlah [lahlah] to rinse
lajma [layma] slowness
lampa (f) [lampa] lamp
lampadarju (m) [lampadaryu] chandelier
lampuka (f) [lampu:ka] dolphin
landa (f) [landa] can; tin (metal)
langasa (f) [landza:sa] pear
laghab [la:p] to play
laghaq [la:q] to lick
laqam (m) [laqam] nickname
laqa' [laqa] to welcome; to face
laqat [laqat] to hit; to impress
laqlaq [laqlaq] to stammer
laringa (f) [larindza] orange
lastku (m) [lastku] elastic
lawrja (f) [lawrya] academic degree
lazanja (f) [lazanya] lasagne
lazz (m) [latts] shoelace
leali [lea:li] loyal
lebda [lebda] not one
legleg [leglek] to gulp down
lehen (m) [lehen] voice
lehja (f) [lehya] beard
lejl (m) [leyl] night
lejliet (f) [leyleat] eve of
lejn [leyn] towards
lembut (m) [lembu:t] funnel
lemin (m) [lemi:n] right hand; right side
leqq [leqq] to shine
lest [lest] ready
lewa [lewa] to bend; to twist

lewn (m) [lewn] color
lewza (f) [lewza] almond
lezzjoni (f) [lettsyo:ni] lesson
Lhudi (m) [lu:di] Jew
libbra (f) [libbra] pound (weight)
libes [libes] to get dressed
librar (m) [libra:r] librarian
libsa (f) [lipsa] dress
licenza (f) [lit∫entsa] license
liema [lima] which
lift (m) [lift] elevator
lil [lil] to
lingwa (f) [lingwa] language
linja (f) [linya] line
lira (f) [li:ra] lira (unit in Maltese currency)
lista (f) [lista] list
lizar (m) [liza:r] sheet (bed)
(i)llawrja [illawrya] to graduate
(i)llustra [illustra] to illustrate
lment (m) [lment] complaint
loghba (f) [lo:ba] game
loghob (m) [lo:p] playing
loppju (m) [loppyu] opium; anaesthetic
lotta (f) [lotta] struggle
ltim (m) [lti:m] orphan
lukanda (f) [lukanda] hotel
lumija (f) [lumiyya] lemon
lura [lu:ra] backwards
lussu (m) [lussu] luxury
lussuz [lussu:s] luxurious
luttu (m) [luttu] mourning
luzzu (m) [luttsu] two bows boat
Lvant (m) [lvant] East
lvent [lvent] lively

# M m

ma (f) [ma] mama
madwar [madwa:r] around
maġenb [madzemp] beside
magazin (m) [magadsi:n] magazine
magna (f) [magna] machine
magna tal-ħasil (f) [magna talhasi:l] washing machine
maħbub [mahbup] loved; beloved
maħfra (f) [mahfra] forgiveness
maħmuġ (m) [mahmut/] dirty
maħrub (m) [mahrup] fugitive
maħruq (m) [mahru:q] burnt
maħsul (m) [mahsu:l] washed
majjal (m) [mayya:l] pig; pork
majjistra (f) [mayyistra] schoolmistress; midwife
Majjistral (m) [mayyistra:l] northwest wind
makakk (m) [makakk] shrewd
malajr [malayr] soon; quickly
malja (f) [malya] swimsuit
maltemp (m) [maltemp] bad weather
Malti (m) [malti] native of Malta; Maltese language
manjera (f) [manye:ra] manner
manjifiku [manyi:fiku] splendid
manku (m) [manku] handle
ma' [ma] with; at
magħluq (m) [ma:lu:q] shut
magħmudija (f) [ma:mudiyya] baptism
magħruf (m) [ma:ru:f] known
magħtub (m) [ma:tu:p] crippled
magħżul (m) [ma:zu:l] chosen
mappa (f) [mappa] map
maqdar [maqdar] to despise
maqrut (m) [maqru:t] date-filled pastry
maqtul (m) [maqtu:l] killed
mar [ma:r] to go
mara (f) [mara] woman
marad [marat] to be or fall sick
marihwana (f) [marihwa:na] marijuana
marmellata (f) [marmella:ta] marmalade
martell (m) [martell] hammer
Marzu (m) [martsu] March
maskil (m) [maski:l] masculine
maskra (f) [maskra] mask
massaġġ (m) [messatt/] massage
mastrudaxxa (m) [mastruda//a] carpenter
mawra (f) [mawra] excursion
mazz (m) [matts] bunch
mbaċċaċ (m) [mbatt/at/] chubby
mbagħad [mba:t] then
mbellah (m) [mbellah] astonished
mċajpar (m) [mt/aypar] hazy
mċappas (m) [mt/appas] stained

mċarrat (m) [mt/arrat] torn
mdardar (m) [mdardar] nauseous
mdawwal (m) [mdawwal] lighted
mdawwar (m) [mdawwar] turned; surrounded
mdejjaq (m) [mdeyyaq] unhappy; annoyed
mediċina (f) [medit/i:na] medicine
Mediterran (m) [mediterra:n] Mediterranean
medja (f) [medya] average
mejjel [meyyel] to tilt
mejjet (m) [meyyet] dead
mejt (m) [meyt] dizziness
mela [mela] well then
mela [mela] to fill
melħ (m) [melh] salt
membru (m) [membru] member
meraq (m) [meraq] juice; broth
merċa (f) [mert/a] goods
merħba (f) [merhba] welcome
merluzz (m) [merlutts] hake
merqtux (m) [merqtu:/] marjoram
mesaħ [mesah] to wipe
mess [mess] to touch
messaġġ (m) [messatt/] message
meta [meta] when
metall (m) [metall] metal
mewġa (pl) [mewdza] waves
mewt (f) [mewt] death
mexa [me/a] to walk; to conduct oneself
mezz (m) [metts] means
mfaħħar (m) [imfahhar] praised
mġieba (f) [imdzeaba] behavior
mġissem (m) [imdzissem] corpulent
mgerfex [imgerfe/] disordered; scatterbrained
m'hix [mi:/] she is not
m'humiex [mumea/] they are not
m'hux [mu:/] he is not
mħabba (f) [mhabba] love
mħadda (f) [mhadda] pillow
mħassar (m) [mhassar] cancelled
mħawwar (m) [mhawwar] seasoned
mibgħeda (f) [mibe:da] hatred
mibni (m) [mibni] built
midalja (f) [midalya] medal
midfun (m) [mitfu:n] buried
midrub (m) [midru:p] wounded
miel [meal] to be inclined
miera [meara] to contradict
miet [meat] to die
mifrud (m) [mifru:t] separated
miftuħ (m) [miftu:h] opened
miġġieled (m) [middzealet] not on speaking terms with someone
mija [miyya] hundred
mikser (m) [mikser] mixer
miksi (m) [miksi] covered
miksur (m) [miksu:r] broken

## DICTIONARY AND PHRASEBOOK

miktub (m) [miktu:p] written
mili (m) [mili] filling
Milied (m) [mileat] Christmas
miljun (m) [milyu:n] million
mimdud (m) [mimdu:t] lying down
min [mi:n] who
mina (f) [mi:na] tunnel
mindu [mindu] since
minħabba [minhabba] on account of
minkeb (m) [minkep] elbow
minkejja [minkeyya] in spite of
minn [minn] from
minnufih [minnufeah] suddenly
mingħajr [mina:yr] without
minuta (f) [minu:ta] minute
mirja (pl) [mirya] mirrors
misdud (m) [misdu:t] plugged up
misluta (f) [mislu:ta] earring
Miss [miss] Miss
missier (m) [missear] father
misthi (m) [misthi] shy
mistieden (m) [misteaden] invited
mistohbi (m) [mistohbi] hidden
mistoqsija (f) [mistoqsiyya] question
mitbugħ (m) [mitbu:h] printed
mitfi (m) [mitfi] extinguished; turned off (light)
mitħna (f) [mithna] handmill; windmill
mitħun (m) [mithu:n] ground (coffee beans, etc.)
mixquq (m) [mi/qu:q] cracked
miżerja (f) [mizerya] misery
mkemmex (m) [mkemme/] wrinkled
(i)mmaġina [immadzina] to imagine
(i)mmedika [immedika] to medicate
(i)mmissja [immissya] to miss
mnejn [mneyn] from where
mniġġes (m) [mniddzes] polluted
mgħaffeġ (m) [ma:ffet/] crushed; trampled upon
mgħammed (m) [ma:mmet] baptised
mgħaref (pl) [ma:ref] spoons
mgħarfa (f) [ma:rfa] spoon
mod (m) [mo:t] manner

moda (f) [mo:da] fashion
moffa (f) [moffa] mold
mohġaġa (f) [mohdza:dza] folk riddle
moħħ (m) [mohh] brain; mind
mohli (m) [mohli] wasted
mohqrija (f) [mohqriyya] oppression
moll (m) [moll] pier; quay
mogħża (f) [mo:za] goat
mopp (m) [mopp] mop
moqdief (m) [moqdeaf] oar
moqżież (m) [moqzeas] disgusting
morr (m) [morr] bitter
mostra (f) [mostra] display; show
mostru (m) [mostru] monster
mqar [mqa:r] if only; I wish it were so
mqarrun (pl) [mqarru:n] macaroni
mqit (m) [mqi:t] harsh; sour-faced
mraħħas (m) [mrahhas] discounted; cheapened
mrewħa (f) [mrewha] fan
msaħħab (m) [msahhap] cloudy
msaħħar (m) [msahhar] enchanted
msajjar (m) [msayyar] cooked
msellef (m) [msellef] lent; borrowed
msiefer (m) [mseafer] emigrant
mtedd [mtett] to lie down
mterter (m) [mterter] shivering with cold
mudell (m) [mudell] model
mudlam (m) [mudla:m] dark
multa (f) [multa] fine (penalty)
munita (f) [muni:ta] coin
murliti (pl) [murli:ti] hemorrhoids
murtal (m) [murta:l] petard
musklu (m) [musklu] muscle
musmar (m) [musma:r] nail
musrana (f) [musra:na] bowel
mustaċċ (m) [mustatt/] moustache
mustarda (f) [mustarda] mustard
mutur (m) [mutu:r] motor
mużew (m) [muze:w] museum
mużika (f) [muzika] music
mxandar (m) [m/andar] broadcast
mżarrad (m) [mzarrat] frayed (cloth)

# N n

naddaf [naddaf] to clean
nadif (m) [nadi:f] clean
naf [na:f] I know
naha (f) [naha] side
nahla (f) [nahla] bee
namrat (m) [namra:t] lover
nannu (m) [nannu] grandfather
naghġa (f) [na:dza] sheep
naghniegh (m) [naneah] spearmint
naqas [naqas] to grow less; to lose weight; to miss
naqqas [naqqas] to diminish
naqra (f) [naqra] a bit; small quantity
nar (m) [na:r] fire
naspla (f) [naspla] loquat
natura (f) [natu:ra] nature
naxxar [naʃʃar] to hang the laundry on the line
naża' [naza] to undress
nazzjon (f) [nattsyo:n] nation
nbid (m) [mbi:t] wine
ndafa (f) [nda:fa] cleanliness
ndaqs [ndaqs] equal
nefah [nefah] to blow; to swell; to inflate
nefaq [nefaq] to spend
nefqa (f) [nefqa] expenditure
negozju (m) [negotsyu] business; transaction
nehha [nehha] to take away; to remove
nemla (f) [nemla] ant
nemusa (f) [nemu:sa] mosquito

nerv (m) [nerf] nerve
nesa [nesa] to forget
nida (f) [nida] dew
nies (pl) [neas] people
nifs (m) [nifs] breath
niggeż [nigges] to prick; to sting
niket (m) [niket] grief
nisa (pl) [nisa] women
nisel (m) [nisel] origin; race
Nisrani (m) [nisra:ni] Christian
nixef [niʃef] to dry up; to wither
niżel [niʒel] to go down
niżla (f) [niʒla] slope; descent
niżżel [niʒʒel] to bring down
(i)nnamra [innamra] to flirt; to make love
(i)nnega [inne:ga] to deny
nghad [na:t] to be said
nofs (m) [nofs] half
nokkla (f) [nokkla] curl of hair
nom (m) [no:m] noun
nsara (pl) [nsa:ra] Christians
nstamat [nstamat] to be scalded
nstadd [nstatt] to be plugged
ntemm [ntemm] to be finished
ntietef (pl) [nteatef] trifles
ntlaqat [ntlaqat] to be hit
ntqal [ntqa:l] to be said
ntuża [ntu:za] to be used
nuċċali (m) [nuttʃa:li] eyeglasses
nuffata (f) [nuffa:ta] blister
numru (m) [numru] number
nutar (m) [nuta:r] notary

- 38 -

# GĦ għ

għab [a:p] to disappear
għabex (m) [a:beɪ] twilight
għabra (f) [a:bra] particles of dust
għada [a:da] tomorrow
għadd [a:tt] to count; to be suitable
għadda [a:dda] to pass (physical
motion); to iron
għader [a:der] to pity
għadira (f) [a:di:ra] pool; lake
għadma (f) [a:dma] bone
għadu (m) [a:du] enemy
għafas [a:fas] to press; to squeeze
għaffeġ [a:ffetɪ] to crush
għaġeb (m) [a:dzep] marvel;
miracle; fussy person
għaġġeb [a:ddzep] to fill with
wonder; to exaggerate
għaġen [a:dzen] to knead
għaġin (m) [a:dzi:n] pasta;
kneading
għaġina (f) [a:dzi:na] dough
għajb (m) [a:yp] disgrace; dishonor
għajjat [a:yyat] to shout
għajjien (m) [a:yyean] tired
għajn (f) [a:yn] eye; evil eye
għajr [a:yr] except
għal [a:l] for; indicating destination;
intended
għalissa [a:lissa] for the moment
għalkemm [a:lkemm] although
għalkollox [a:lkollo:ɪ] completely
għalla [a:lla] to boil
għallem [a:llem] to teach
għallinqas [a:llinqas] at least
għal għarrieda [a:l arreada]
unexpectedly
għalxejn [a:lɪeyn] uselessly
għam [a:m] to swim
għamel [a:mel] to make; to cook a
meal; to compile
għana (f) [a:na] folk song;
folksinging
għanbaqra (f) [a:nbaqra] plum
għani (m) [a:ni] rich
għanqbuta (f) [a:nqbu:ta] cobweb
għaqal (m) [a:qal] good sense;
prudence

għaqli (m) [a:qli] prudent
għaqqad [a:qqat] to join together
għar (m) [a:r] cave
għaraf [a:raf] to recognise
Għarbi (m) [a:rbi] Arab; Arabic
għaref (m) [a:ref] wise; learned
għarraf [a:rraf] to inform
għarukaża [a:ruka:za] shame
għarus (m) [a:ru:s] bridegroom
għarusa (f) [a:ru:sa] bride
għarwien [a:rwean] naked
għasel (m) [a:sel] honey
għasfur (m) [a:sfu:r] bird
għass [a:ss] to keep watch
għassa (f) [a:ssa] vigilance; police
station
għatx (m) [a:ttɪ] thirst
għawġ (m) [a:wtɪ] trouble
għawm (m) [a:wm] swimming
għawweġ [a:wwetɪ] to bend
għawwiem (m) [a:wweam]
swimmer
għaxxaq [a:ɪɪaq] to delight
għażel [a:zel] to select
għażiż (m) [a:zi:s] dear
għażla (f) [a:zla] choice
għażż (m) [a:ss] laziness
għażż [a:ss] to hold someone dear
għażżien (m) [a:zzean] lazy
għeja [e:yya] to become tired
għeneb (pl) [e:nep] grapes
għereq [e:req] to sink
għerq (m) [e:rq] root
għex [e:ɪ] to live
għid (m) [e:yt] feast
għodda (f, pl) [o:dda] tool/s
għodos [o:do:s] to dive (into water)
għoġob [o:dzo:p] to please
għoli (m) [o:li] high; expensive
għolja (f) [o:lya] hill
għonq (m) [o:nq] neck
għoqda (f) [o:qda] knot
għożża (f) [o:zza] endearment
għuda (f) [o:wda] wood

# O o

obda [obda] to obey
offerta (f) [offerta] offer
oġġett (m) [oddzett] object
oħrajn [ohrayn] others
oħt (f) [oht] sister
oħxon (m) [oh/on] fat; thick
okkażżjoni (f) [okkazzyo:ni]
occasion
omm (f) [omm] mother

onest (m) [onest] honest; fair
opinjoni (f) [opinyo:ni] opinion
ordna [ordna] to order; to arrange
ordni (m) [ordni] order; rank;
command
oriġni (f) [oridzni] origin
oxxen (m) [o/ʃe:n] obscene; lewd

# P p

paċenzja (f) [pat/entsya] patience
paċi (f) [pat/i] peace
paċpaċ [pat/pat/] to chatter
paga (f) [pa:ga] wage; salary
pajjiż (m) [payyi:s] country
pakk (m) [pakk] parcel
palazz (m) [palatts] palace
palk (m) [palk] stage of a theater
papa (m) [pa:pa] pope
papoċċ (m) [papott/] slippers
par (m) [pa:r] pair
parata (f) [para:ta] parade
pariġġ (m) [paritt/] matching
parir (m) [pari:r] advice
parlament (m) [parlament] parliament
partit (m) [parti:t] political party
partita (f) [parti:ta] game; match
passaport (m) [passaport] passport
passatemp (m) [passatemp] pastime
passiġġata (f) [passiddza:ta] walk; stroll
passiġġier (m) [passiddzear] passenger
pastarda (f) [pastarda] cauliflower
patata (f) [pata:ta] potato
patri (m) [patri] monk
patt (m) [patt] agreement
pejjep [peyyep] to smoke
periklu (m) [periklu] danger
perm (m) [perm] perm (hairstyle)
permess (m) [permess] permission
persjana (f) [persya:na] window-shutter; blind
persuna (f) [persu:na] person
peržut (m) [perzu:t] ham
piena (f) [peana] pain; penalty
piġama (f) [pidza:ma] pyjamas
pilota (m) [pilo:ta] pilot
pinġa [pindza] to paint
pinna (f) [pinna] pen
pinzel (m) [pintsell] paintbrush
pirjid (m) [piryit] period (menstrual)
pittur (m) [pittu:r] painter
piżella (f.) [pizella] pea
pjaċir (m) [pyat/i:r] pleasure
pjan (m) [pya:n] level surface; story
pjazza (f) [pyattsa] square
plajja (f) [playya] seashore
platt (m) [platt] dish; plate
poġġa [poddza] to sit; to place; to deposit (money)
polz (m) [polts] pulse
pont (m) [pont] bridge
ponta (f) [ponta] tip; pimple
poplu (m) [poplu] people; nation
port (m) [port] harbor
portafoll (m) [portafoll] wallet

portmoni (m) [portmoni] purse
porzjon (f) [portsyo:n] portion
posta (f) [posta] mail; post office
(i)ppakkja [ippakkya] to pack
(i)pparkja [ipparkya] to park
(i)pparaguna [ipparagu:na] to compare
(i)ppassiġġa [ippassiddza] to go for a walk
(i)ppermetta [ippermetta] to allow
(i)ppersegwita [ippersegwita] to persecute
(i)ppettna [ippettina] to comb one's hair
(i)ppjana [ippya:na] to plan
(i)ppranza [ipprantsa] to have dinner or lunch
(i)pprattika [ipprattika] to practise
(i)pprefera [ipprefe:ra] to prefer
(i)pprepara [ipprepa:ra] to prepare
(i)ppreskriva [ippreskri:va] to prescribe
(i)ppreżenta [ipprezenta] to present
(i)pprotieġa [ipproteadza] to protect
(i)pprova [ippro:va] to prove
(i)pprovda [ipprovda] to provide
pranzu (m) [prantsu] lunch; banquet
prattika (f.) [prattika] practice
premju (m) [premyu] prize; award
prezz (m) [pretts] price
prinċipal (m) [print/ipa:l] principal
privat (m) [priva:t] private
prodott (m) [prodott] product
professjoni (f) [professyo:ni] profession
profitt (m) [profitt] profit
prominenti (m, f) [prominenti] prominent
pront (m) [pront] ready; quickly
pronunzja (f) [pronuntsya] pronunciation
proprjetà (f) [propryeta] property; quality
prosit! [pro:sit] congratulations! well-done!
prova (f) [pro:va] proof; trial; trying on
proviżorju (m) [provizoryu] temporary
pruna (f) [pru:na] plum
pubbliku (m) [pubbliku] public
pulit (m) [puli:t] neat; well-mannered (person)
pulizija (f) [pulitsiyya] policeman; police
pulmun (m) [pulmu:n] lung
pulowver (m) [pulowver] sweater
pulpetta (f) [pulpetta] meatball

# MALTESE-ENGLISH/ENGLISH-MALTESE

**punent** (m) [punent] west; west wind

**puntwali** (m, f) [puntwa:li] punctual

# Q q

qabad [qabat] to catch; to seize
qabar (m) [qabar] tomb
qabel [qabel] before
qabel [qabel] to agree; to match
qabeż [qabes] to jump
qaċċat [qatt/at] to cut off
qaddis (m) [qaddi:s] saint
qadim (m) [qadi:m] old
qaħba (f) [qaħba] prostitute
qajla [qayla] slowly
qal [qa:l] to say
qala' [qala] to earn
qalb (m) [qalp] heart
qaleb [qalep] to turn; to translate; to upset
qam [qa:m] to awake; to stand up; to rise
qamar (m) [qamar] moon
qamħ (m) [qamh] corn
qanpiena (f) [qanpeana] bell
qanqal [qanqal] to lift something heavy; to stir; to stimulate
qagħad [qa:t] to stay; to reside; to be situated
qagħda (f) [qa:da] posture
qaqoċċa (f) [qaqott/a] artichoke
qara [qara] to read
qara' bagħli (pl) [qara ba:li] marrows
qarben [qarben] to give Holy Communion
qares (m) [qa:res] sour
qari (m) [qari] reading
qarnita (f) [qarni:ta] octopus
qargħa (f) [qara] pumpkin
qargħi (m) [qari] bald
qarr [qarr] to confess
qarraq [qarraq] to deceive; to swindle
qarrieq (m) [qarreaq] cheater

qasam [qasam] to break; to cut; to separate; to divide
qasir (m) [qasi:r] short
qasrija (f) [qasriyya] flowerpot
qassam [qassam] to distribute
qassis (m) [qasseas] priest
qastna (f) [qastna] chestnut
qata' [qata] to cut; to guess; to surpass; to startle
qatel [qatel] to kill; to overwhelm
qatt [qatt] never
qattus (m) [qattu:s] cat
qawl (m) [qawl] proverb
qawmien (m) [qawmean] awakening; revival
qawwi (m) [qawwi] strong; of a heavy effect
qażżeż [qazzes] to disgust; to nauseate
qeda [qeda] to serve; to fulfill an obligation
qela [qela] to fry; to cheat
qerda (f) [qerda] destruction
qered [qeret] to destroy
qiem [qeam] to venerate; to respect
qiegħ (m) [qeah] bottom
qies [qeas] to measure; to consider
qmis (f) [qmi:s] shirt
qniepen (pl) [qneapen] bells
qorob [qorop] to approach
qorti (f) [qorti] court of justice
qoxra (f) [qo/ra] shell; peel
qraba (pl) [qra:ba] relatives
qrib (m) [qri:p] near
qronfla (f) [qronfla] carnation
qtar (pl) [qta:r] drops
qubbajt (m) [qubbayt] nougat
quddiem [quddeam] front
quddiesa (f) [quddeasa] Catholic mass

# R r

ra [ra] to see; to reflect; to ascertain
raba' (m) [raba] fields; farmland
rabat [rabat] to tie; to bind
rabba [rabba] to bring up (children);
to rear (animals)
rabja (f) [rabya] rage; anger
radju (m) [radyu] radio
raġel (m) [ra:dzel] man; male (of
animals, etc.); husband; gentleman
raġġ (m) [ratt/] ray
raġun (m) [radzu:n] being right
rahal (m) [rahal] village
raħli (m) [rahli] villager; rustic
raket (m) [raket] racket
rakkmu (m) [rakkmu] embroidery
rakkont (m) [rakkont] story; tale
ram (m) [ra:m] copper
ramel (m) [ramel] sand
Randan (m) [randa:n] Lent
ragħaj (m) [ra:y] shepherd
ragħda (f) [ra:da] thunder
raqad [raqat] to sleep; to rest
rari (m) [ra:ri] rare
ras (m) [ra:s] head; beginning;
leader
ravjula (f) [ravyu:la] ravioli
raxx [ra//] to sprinkle
razza (f) [rattsa] race
razzett (m) [rattsett] farmhouse
razzjon (m) [rattsyo:n] ration
rċieva [rt/eava] to receive; to
welcome
rdum (m) [rdu:m] cliff
rebah [rebah] to win; to conquer
rebbiegħa (f) [rebbeaa] spring
reċenti (m) [ret/enti] recent
reċit (m) [ret/it] ratchet
refa' [refa] to lift; to store
reġa' [redza] to do again
reħa [reha] to let go; to abandon
rejp (m) [reyp] rape
reliġjon (f) [relidzyo:n] religion
rema [rema] to throw away
renda [renda] to render; to relent
repò (m) [repo] refreshment
repubblika (f) [repubblika] republic
resaq [resaq] to approach
rewwixta (f) [rewwi/ta] revolt;
uproar
reżah [rezah] to be chilled to the
bone
rġiel (pl) [rdzeal] men

rħama (f) [rha:ma] slab of marble
rħis (m) [rhi:s] cheap
ried [reat] to wish for; to be in need
of
riefnu (m) [reafnu] gale; a violent
wind
rieqed (m) [reaqet] asleep
rifes [rifes] to tread upon; to walk
upon;
rifill (m) [ri:fill] refill
riġel (m) [ridzel] leg
rigal (m) [riga:l] gift
rigward [rigwart] concerning
riħ (m) [reah] wind
riħa (f) [reaha] smell
rikeb [rikep] to get on a car, bus,
etc.
rikonoxxenti (m) [rikono//enti]
grateful
rimedju (m) [rimedyu] remedy
rispett (m) [rispett] respect
risposta (f) [risposta] reply
rit (m) [ri:t] rite
ritratt (m) [ritratt] photo
rivista (f) [rivista] review
riżq (m) [risq] good luck
rkant (m) [rkant] auction
rkobba (f) [rkobba] knee
rnexxa [rne//a] to be successful
roħos [rohos] to become cheaper
rokna (f) [rokna] corner
ross (m) [ross] rice
rota (f) [ro:ta] wheel; bicycle
(i)rrabja [irrabya] to anger; to get
angry
(i)rrakkonta [irrakkonta] to relate
(i)rraporta [irraporta] to report
(i)rrekordja [irrekordya] to record
(i)rrifjuta [irrifyu:ta] to refuse
(i)rriġetta [irridzetta] to throw up; to
vomit
(i)rrilassa [irrilassa] to relax
(i)rrimborża [irrimborza] to
reimburse
(i)rrinforza [irrinfortsa] to reinforce
(i)rringrazzja [irringrattsya] to thank
(i)rritorna [irritorna] to return
ruġġata (f) [ruddza:ta] orgeat
ruħ (f) [ru:h] soul
rvell (m) [rvell] rebellion; uproar

# S s

sa [sa] till; until
sab [sa:p] to find
saba' (m) [saba] finger
sadid (m) [sadi:t] rust
safa' [safa] to be reduced to
safi (m) [sa:fi] pure
sahan [sahan] to get warm/hot
sahhah [sahhah] to strengthen
sajd (m) [sayt] fishing
sajjetta (f) [sayyetta] thunderbolt
sakemm [sakemm] until
sala (f) [sa:la] hall
salamun (m) [salamu:n] salmon
salvaġġ [salvatt/] savage
salvawomu (m) [salvawo:mu] life jacket
sama' [sama] to hear
sandwiċ (m) [sandwit/] sandwich
sapuna (f) [sapu:na] soap
saq [sa:q] to drive (animals, engines, etc.)
saqaf (m) [saqaf] ceiling; roof
saqqu (m) [saqqu] mattress
saqsa [saqsa] to ask
sar [sa:r] to become
sardinella (f) [sardinella] geranium
sarr [sarr] to pack
sarraf [sarraf] to change money
sata' [sata] to be able
sawm (m) [sawm] fasting
sawwat [sawwat] to beat
sbatax [sbata:/] seventeen
sebah [sebah] to dawn
seba' [seba] seven
sebh (m) [seph] dawn
seduċenti (m) [sedut/enti] seductive
segwa [segwa] to follow
sehem (m) [se:m] share
seher (m) [seher] enchantment
sehet [sehet] to curse
seklu (m) [seklu] century
self (m) [self] loan
sella [sella] to greet
sellum (m) [sellu:m] ladder
semmiegh (m) [semmeah] listener
sena (f) [sena] year
sens (m) [sens] sense; sanity; feeling
sensiela (f) [senseala] series
sensja (f) [sensya] discharge from a job
seraq [seraq] to steal
serh (m) [serh] rest
serju (m) [seryu] serious
serrieq (m) [serreaq] saw
serv (m) [serf] servant
Settembru (m) [settembru] September
sewa [sewa] to cost; to be worth

sewda (f) [sewda] black
sewqan (m) [sewqa:n] driving
sfaċċat (m) [sfatt/a:t] shameless
sfida [sfi:da] to challenge
sforz (m) [sforts] effort
sfumatura (f) [sfumatu:ra] nuance
sfunnarija (f) [sfunnariyya] carrot
shaba (f) [sha:ba] cloud
shana (f) [sha:na] heat
Sibt (m) [sipt] Saturday
sider (m) [sider] chest
sieheb (m) [seahep] companion
siegha (f) [seaa] hour
sieq (m) [seaq] foot
siġġu (m) [siddzu] chair
siġill (m) [sidzill] seal
siġra (f) [sidzra] tree
siker [siker] to get drunk
siket [siket] to be silent
sikkina (f) [sikki:na] knife
silef [silef] to lend
silġ (m) [silt/] ice
sinċier (m) [sint/ear] sincere
sindku (m) [sintku] mayor
sinjur (m) [sinyu:r] rich; Mr.
sinna (f) [sinna] tooth
sitta [sitta] six
sittin [sitti:n] sixty
sjesta (f) [syesta] siesta; nap
skada [ska:da] to expire
skalpell (m) [skalpell] chisel
skambju (m) [skambyu] exchange
skandlu (m) [skandlu] scandal
skansa [skansa] to avoid
skanta [skanta] to amaze; to be amazed
skappa [skappa] to escape
skars (m) [skars] scarce
skola (f) [sko:la] school
skomdu (m) [skomdu] inconvenient
skond [skont] according to
skont (m) [skont] discount
skop (m) [sko:p] purpose
skoss (m) [skoss] jolt
skruplu (m) [skruplu] scruple
skultur (m) [skultu:r] sculptor
skuża (f) [sku:za] excuse
snobb (m, f) [snopp] snob
soċjetà (f) [sot/yeta] society
sod (m) [so:t] solid; firm
sodda (f) [sodda] bed
sold (m) [solt] penny
soltu [soltu] usual practice
somma (f) [somma] total
soghla (f) [so:la] cough
soghol [so:l] to cough
soppa (f) [soppa] soup
sorm (m) [sorm] arse; rump
sorpriża (f) [sorpri:za] surprise
soru (f) [so:ru] nun

spalla (f) [spalla] shoulder
spalliera (f) [spalleara] clothes hanger
sparġa (f) [spardza] asparagus
speċjali (m, f) [spet/ya:li] special
spertajer (m) [sperta:yer] spare tire
spiċċa [spitt/a] to finish
spinaċi (f) [spina:t/i] spinach
spirituż (m) [spiritu:s] witty
spirtu (m) [spirtu] spirit
spiss [spiss] often
spiża (f) [spi:za] expense
spiżjar (m) [spizya:r] pharmacist
sponża (f) [sponza] sponge
sprej (m) [spre:y] spray
sptar (m) [spta:r] hospital
sqaq (m) [sqa:q] alley; lane
(i)ssaddad [issaddat] to become rusty
(i)ssaħħab [issahhap] to become cloudy
(i)ssettja [issettya] to set one's hair
(i)ssieħeb [isseahep] to associate; to be associated
(i)ssodisfa [issodisfa] to satisfy
(i)ssokta [issokta] to continue
(i)ssuplixxa [issupli//a] to substitute
stad [sta:t] to go fishing
stadju (m) [sta:dyu] stadium
staġun (m) [stadzu:n] season
staħa [staha] to be shy; to feel ashamed
stat (m) [sta:t] state
statwa (f) [statwa] statue
stazzjon (f) [stattsyo:n] station
stejġ (m) [steyt/] stage
stejk (m) [steyk] steak
stenna [stenna] to wait
stieden [steaden] to invite
stil (m) [sti:l] style

stilla (f) [stilla] star
stima (f) [sti:ma] esteem
stonku (m) [stonku] stomach
storbju (m) [storbyu] noise; disturbance
storja (f) [storya] story; history
stqarrija (f) [stqarriyya] declaration; confession
strajk (m) [strayk] strike
stranġier (m) [strandzear] foreigner
strapazz (m) [strapatts] overwork; tiring work
strieħ [streah] to rest
strina (f) [stri:na] New Year's gift
studju (m) [studyu] study
stuffat (m) [stuffa:t] stew
stupru (m) [stupru] rape
sturdament (m) [sturdament] dizziness
subien (pl) [subean] boys
suċċess (m) [sutt/ess] success
suf (m) [su:f] wool
sufan (m) [sufa:n] sofa
suffejra (f) [suffeyra] jaundice
sugu (m) [su:gu] juice
sular (m) [sula:r] floor (building)
suldat (m) [sulda:t] soldier
sulfarina (f) [sulfari:na] match
superstiti (m, f) [superstiti] survivor
supperv (m) [supperf] arrogant; haughty
suq (m) [su:q] market
surġent (m) [surdzent] sergeant
suspett (m) [suspett] suspicion
suvenir (m) [suveni:r] souvenir
sweter (m) [sweter] sweater
swetxert (m) [swet/ert] sweatshirt
swiċċ (m) [switt/] switch

# T t

ta [ta] to give
tabakk (m) [tabakk] tobacco
tabib (m) [tabi:p] doctor
tadama (f) [tada:ma] tomato
tafa' [tafa] to throw
taffa [taffa] to relieve
taġen (m) [ta:dzen] frying pan
taħlit (m) [tahli:t] mixing
taħt [taht] under
taħwid (m) [tahwi:t] confusion
tajjar (m) [tayya:r] cotton
tajjeb (m) [tayyep] good
tajn (m) [tayn] mud
talab [talap] to request
talba (f) [talba] prayer; request
tama (f) [ta:ma] hope
tama' [tama] to feed
tamla (f) [tamla] date-palm or its
fruit
tampun (m) [tampu:n] tampon
tant (m) [tant] certain amount
ta' [ta] of
taghha [ta:hha] her; hers
taghhom [ta:hhom] their; theirs
taghlim (m) [ta:li:m] teaching
taghna [ta:na] our; ours
taparsi [taparsi] pretending
tapit (m) [tapi:t] carpet
taqab [taqap] to make a hole
taqsima (f) [taqsi:ma] section
tar [ta:r] to fly
taraġ (m) [tarat/] stairs
tarbija (f) [tarbiyya] baby
tard [tart] late
tarf (m) [tarf] edge; extremity
tari (m) [ta:ri] tender (meat, etc.)
tassew [tasse:w] truly
taxxa (f) [taʃʃa] tax
tazza (f) [tattsa] drinking glass
tbatija (f) [tbatiyya] hardship
tbaxxa [tbaʃʃa] to lean down
tbissem [tbissem] to smile
teatru (m) [teatru] theater
tebgħa (f) [teba] stain
tefa [tefa] to extinguish; to put out
the light
tejjeb [teyyep] to improve
tela' [tela] to go up
telaq [telaq] to go away
temm [temm] to finish
temp (m) [temp] weather
terter [terter] to shiver with cold
terz (m) [terts] one third
testment (m) [testment] last will
tewma (f) [tewma] garlic
tewmi (m) [tewmi] twin
tfajjel (m) [tfayyel] young man
tfajla (f) [tfayla] young woman
tfantas [tfantas] to sulk
tfartas [tfartas] to become bald
thaddet [thaddet] to talk

thanżer [thanzer] to overeat
thawwad [thawwat] to be confused
tieġ (m) [teat/] wedding
tielet [tealet] third (in order)
tieni [teani] second (in order)
tiegħek [teae:k] your; yours
tiegħi [teae:y] my; mine
tiegħu [teao:w] his
tieqa (f) [teaqa] window
tifel (m) [tifel] boy
tifla (f) [tifla] girl
tiġieġa (f) [tidzeadza] hen
tikka (f) [tikka] point; dot
tilef [tilef] to lose
tim (m) [ti:m] team
timidu (m) [timidu] timid
tipp (f) [tipp] tip (money)
titlu (m) [titlu] title
tixjiħ (m) [ti/yi:h] growing old
tiżi (f) [ti:zi] tuberculosis
tjar (pl) [tya:r] fowls
tlieta [tleata] three
tluq (m) [tlu:q] departure
tmiem (m) [tmeam] end
tmienja (f) [tmeanya] eight
tnejn [tneyn] two
tgħallem [ta:llem] to learn
tojlit (m) [toylit] toilet
tond (m) [tont] round
togħma (f) [to:ma] taste
tornavit (m) [tornavi:t] screwdriver
torri (m) [torri] tower
torta (f) [torta] pie
towst (m) [towst] toast
tpaċpiċ (m) [tpat/pi:t/] chattering
tqawwa [tqawwa] to become strong
trabba [trabba] to be brought up as
a child
traduzzjoni (f) [traduttsyo:ni]
translation
traffiku (m) [traffiku] traffic
traġitt (m) [tradzitt] crossing;
journey
travu (m) [tra:vu] wooden beam
tripp (m) [tripp] trip
triq (f) [treaq] street; road
trobbija (f) [trobbiyya] upbringing;
rearing
trota (f) [tro:ta] trout
trukk (m) [trukk] makeup
trux (m) [tru:/] deaf
(i)ttarda [ittardya] to be late
(i)ttejpja [itteypya] to tape
(i)ttenda [ittenda] to notice; to
guard
(i)ttollera [ittollera] to tolerate
(i)ttraduċa [ittradu:t/a] to translate
(i)ttraskura [ittrasku:ra] to neglect
(i)ttrasporta [ittrasporta] to
transport
(i)ttrejnja [ittreynya] to train

# MALTESE-ENGLISH/ENGLISH-MALTESE

tuffieħa (f) [tuffeaha] apple
tumur (m) [tumu:r] tumor
tur (m) [tu:r] tour
tursina (f) [tursi:na] parsley
turtiera (f) [turteara] cake pan
tużżana (f) [tuzza:na] dozen

tvalja (f) [tvalya] tablecloth
twaletta (f) [twaletta] dressing
table/mirror
twieled [twealet] to be born

## U u

uffiċċju (m) [uffittʃyu] office
uġġett (m) [uddzett] object
ukoll [ukoll] also
umbrella (f) [umbrella] umbrella
umdu (m) [umdu] dampness
unjoni (f) [unyo:ni] union
unur (m) [unu:r] honor

uqija (f) [uqiyya] ounce
utilizza [utilittsa] to utilize
utli (m, f) [u:tli] useful
uża [u:za] to use
użin (m) [uzi:n] weighing scales
użurpa [uzurpa] to usurp

# V v

vaġina (f) [vadzi:na] vagina
vag (m) [va:k] vague
vagabond (m) [vagabont] scoundrel
vakant (m) [vakant] vacant
valiġġa (f) [validdza] suitcase
valur (m) [valu:r] value
vantaġġ (m) [vantattʃ] advantage
vapur (m) [vapu:r] ship
varja [varya] to vary
varjetà (f) [varyeta] variety
vażett (m) [vazett] vase
veduta (f) [vedu:ta] view
velenu (m) [vele:nu] poison
velu (m) [ve:lu] veil
verdett (m) [verdett] verdict
verġni (f) [verdzni] virgin
vergonja (f) [vergonya] shame
verità (f) [verita] truth
viċin (m) [vitʃi:n] near
vili (m, f) [vi:li] vile; cowardly
villaġġ (m) [villattʃ] village
virgola (f) [virgola] comma

virtù (f) [virtu] virtue
vistu (m) [vi:stu] mourning
vittma (f) [vittma] victim
viva! [vi:va] hurrah!
vixxri (pl) [viʃʃri] intestines
viżita (f) [vizita] visit
vizzju (m) [vittsyu] vice
vjaġġ (m) [vyattʃ] journey
vjolin (m) [vyoli:n] violin
vojt (m) [voyt] empty
vokali (f) [voka:li] vowel
volontà (f) [volonta] will
vomtu (m) [vomtu] vomit
vuċi (f) [vu:tʃi] voice
vulgari (m, f) [vulga:ri] vulgar
(i)vvalena [ivvale:na] to poison
(i)vvendika [ivvendi:ka] to take revenge
(i)vvjaġġa [ivvyaddza] to travel
(i)vvomta [ivvomta] to vomit
(i)vvota [ivvo:ta] to vote

## W w

waddab [waddap] to fling
waġa' [wadza] to ache
waħda (f) [wahda] one
waħħal [wahhal] to attach something
waħxi (m) [wah/i] frightening
wajer (m) [wa:yer] wire
waqaf [waqaf] to stop
waqa' [waqa] to fall
waqqaf [waqqaf] to halt
waqt (m) [waqt] instance
wara [wara] after
warda (f) [warda] rose; flower
warrab [warrap] to move out of the way
wasal [wasal] to arrive
wasa' [wasa] to contain
wasla (f) [wasla] arrival
weġġa' [weddza] to hurt
weġgħa (f) [wedza] pain
wehel [wehel] to get stuck
wejter (m) [weyter] waiter
wens (m) [wens] a feeling of ease and comfort
wegħed [weae:t] to promise
werċ (m) [wert/] crosseyed

werqa (f) [werqa] leaf
werret [werret] to bequeath
werwer [werwer] to terrify
werżaq [werzaq] to scream
werżieq (m) [werzeaq] cricket; cicada
wessa [wessa] to admonish
wiċċ (m) [witt/] face
widdeb [widdep] to admonish
widna (f) [widna] ear
wied (m) [weat] valley
wieġeb [weadzep] to answer
wiehed (m) [weahet] one
wieqaf (m) [weaqaf] standing
wiled [wilet] to give birth
wiret [wiret] to inherit
wirja (f) [wirya] demonstration
wiski (m) [wiski] whisky
wisq [wisq] too much; too many
wissa [wissa] to warn
wita (f) [wita] level ground
wiżen [wizen] to weigh
wiżgħa (f) [wiza] gecko
(i)wwoċċja [iwwott/ya] to watch

# X x

xaba' [ʃaba] to have had enough
xadin (m) [ʃadi:n] monkey
xafra (f) [ʃafra] blade
xahar (m) [ʃa:r] month
xaham (m) [ʃaham] fat; grease
xaħħ [ʃaħħ] to be stingy
xaħħam [ʃaħħam] to grease someone's palm
xaħxaħ [ʃaħ/aħ] to lull to sleep
xalata (f) [ʃala:ta] outing
xall (m) [ʃall] shawl
xalpa (f) [ʃalpa] scarf
xamm [ʃamm] to smell
xammar [ʃammar] to roll up one's sleeves
xamgħa (f) [ʃama] candle
xampanja (f) [ʃampanya] champagne
xandar [ʃandar] to broadcast
xagħar (m) [ʃa:r] hair
xagħra (f) [ʃa:ra] open plain
xara [ʃara] to buy
xarrab [ʃarrap] to drench
xatba (f) [ʃatba] gate
xatt (m) [ʃatt] seashore
xażi (m) [ʃa:zi] chassis
xbieha (f) [ʃbeaa] image
xbin (m) [dzbi:n] pal; godfather
xbint (f) [dzbint] godmother
xebah [ʃebah] to resemble
xebba (f) [ʃebba] young woman
xebbah [ʃebbah] to compare
xebħ (m) [ʃeph] resemblance
xedd [ʃett] to wear; to put on a dress
xefaq (m) [ʃefaq] horizon
xehed [ʃe:t] to give evidence
xehet [ʃehet] to throw
xejjer [ʃeyyer] to greet with a waving of the hand; to brandish
xejn (m) [ʃeyn] nothing; zero
xellug (m) [ʃellu:k] left
xellugi (m) [ʃellu:gi] left-handed
xempju (m) [ʃempyu] sample; model
xemx (f) [ʃemʃ] sun
xena (f) [ʃe:na] scene (theater)
xennaq [ʃennaq] to arouse a desire for something
xegħel [ʃe:l] to light; to turn on (TV. etc.)

xeraq [ʃeraq] to choke over one's food
xeraq [ʃeraq] to be well-fitting; to be respectable
xerred [ʃerret] to scatter
xerrej (m) [ʃerrey] buyer
xewa [ʃewa] to roast; to grill
xewka (f) [ʃewka] thorn
xewwex [ʃewweʃ] to incite; to foment
xhieda (f) [ʃeada] evidence
xhud (m) [ʃu:t] witness
xħiħ (m) [ʃheah] stingy
xi [ʃi] some
xieref (m) [ʃearef] tough (meat)
xifer (m) [ʃifer] edge
xiħ (m) [ʃeah] old
xirja (f) [ʃirya] purchase
xita (f) [ʃita] rain
xitan (m) [ʃita:n] devil
xitla (f) [ʃitla] plant
xitwa (f) [ʃitwa] winter
xjaħ [ʃya:h] to grow old
xjenza (f) [ʃyentsa] science
xjuħija (f) [ʃyuhiyya] old age
xkaffa (f) [ʃkaffa] shelf
xkubetta (f) [ʃkubetta] gun
xkupa (f) [ʃku:pa] broom
xkupilja (f) [ʃkupilya] brush
xmara (f) [ʃma:ra] river
xoffa (f) [ʃoffa] lip; rim
xogħol (m) [ʃo:l] work; job; workmanship
xoqqa (f) [ʃoqqa] linen
xorob [ʃorop] to drink
xorta (f) [ʃorta] sort; species
xorti (f) [ʃorti] luck
xorz (m) [ʃorts] shorts
xott (m) [ʃott] dry
xpakka [ʃpakka] to break open
xrara (f) [ʃra:ra] spark
xtaq [ʃta:q] to wish
xtara [ʃtara] to buy
xufftejn (pl) [ʃuffteyn] lips
xugaman (m) [ʃugama:n] towel
xulxin (m) [ʃul/i:n] each other
xuxa (f) [ʃu:ʃa] long hair
(i)xxampla [iʃʃampla] to be carefree
(i)xxemmex [iʃʃemmeʃ] to bask in the sunshine
(i)xxurtjat [iʃʃurtya:t] lucky

## Ż ż

żaba' [zaba] to paint
żamm [zamm] to hold; to stop
żagħżugħ (m) [zaːzuːh] young man
żaqqieq (m) [zaqqeaq] glutton
żar [zaːr] to visit
żara' [zara] to sow
żarbuna (f) [zarbuːna] shoe
żatat (m) [zatat] cocky person
żbalja [zbalya] to make a mistake
żball (m) [zball] mistake
żborża [zborza] to fork out
żding (m) [zdink] neglect; untidiness
żebbuġa (f) [zebbuːdza] olive
żejjen [zeyyen] to decorate
żejt (m) [zeyt] oil
żejża (f) [zeyza] woman's breast
żelaq [zelaq] to slip; to make a silly mistake
żelu (m) [zeːlu] zeal
żerniq (m) [zerniːq] dawn
żerriegħa (f) [zerreaa] seed
żewġ (m) [zewtʃ] two; pair
żewweġ [zewwetʃ] to join a couple in marriage
żgarra [sgarra] to utter swearwords

żgiċċa [sgittʃa] to escape quickly; to scamper
żgur (m) [zguːr] sure
żibel (m) [zibel] garbage
żied [zeat] to increase; to add in
żiemel (m) [zeamel] horse
żifen [zifen] to dance
żiffa (f) [ziffa] breeze
żina (f) [ziːna] fornication
żjara (f) [zyaːra] visit
żleali (m, f) [zleaːli] disloyal
żloga [zloːga] to dislocate
żmanġa [zmandza] to deteriorate physically or mentally
żmien (m) [zmean] time
żgħir (m) [zeyr] little; young; minor
żorr (m) [zorr] unsociable
żring (m) [zrintʃ] frog
żunżana (f) [zunzaːna] wasp; bee
żvija [zviyya] to go astray
żvilupp (m) [zvilupp] development
(i)żżuffjetta [izzuffyetta] to play the clown

# Z z

zakkarina (f) [tsakkari:na] saccharine
zalza (f) [tsaltsa] sauce
zalzett (m) [tsaltsett] sausage
ziju (m) [tsiyyu] uncle
zokk (m) [tsokk] trunk of a tree
zokkor (m) [tsokkor] sugar

zona (f) [dso:na] zone
zopp (m) [tsopp] lame
zunnarija (f) [tsunnariyya] carrot
zuntier (m) [tsuntear]
(i)zzarda [iddsarda] to risk
(i)zzitta [ittsitta] to settle down

# ENGLISH - MALTESE

Nouns are followed by the abbreviations (m) for masculine, (f) for feminine, or (pl) for plural. Adjectives are entered in their masculine form.

# DICTIONARY AND PHRASEBOOK

# A

abbey kunvent (m) [kunvent]
abbreviation abbrevjazzjoni (f) [abbrevyattsyo:ni]
abdomen żaqq (f) [zaqq]
abhor stkerrah [stkerrah]
able, to be sata' [sata]
about madwar [madwa:r]
above fuq [fu:q]
absent assenti [assenti]
absurd assurd [assurt]
abuse, to abbuża [abbu:za]
accept, to aċċetta [att/etta]
accessories aċċessorji (pl) [att/essoryi]
accident inċident (m) [int/ident]
accomodation alloġġ (m) [allott/]
account kont (m) [kont]
accuse, to akkuża [akku:za]
ache uġigħ (m) [udzi:h]
adaptor adapter (m) [adapter]
add, to żied [zeat]
address indirizz (m) [indiritts]
admire, to ammira [ammi:ra]
admission dħul (m) [thu:l]
advantage vantaġġ (m) [vantatt/]
adventure avventura (f) [avventu:ra]
advice parir (m) [pari:r]
advise, to avża [avza]
afraid, to be beża' [beza]
after wara [wara]
afternoon wara nofsinhar (m) [wara nofsina:r]
again mill-ġdid [milldzdi:t]
against kontra [kontra]
age età (f) [eta]
ago ilu [i:lu]
air conditioning arja kondizjonata (f) [arya konditsyona:ta]
air mail bl-ajru [blayru]
airplane ajruplan (m) [ayrupla:n]
airport ajruport (m) [ayruport]
alabaster alabastru (m) [alabastru]
alarm clock żveljarin (m) [svelyari:n]
alcohol alkoħol (m) [alkoho:l]
alive ħaj [ha:y]
allergic allerġiku [allerdziku]
alley sqaq (m) [sqa:q]
almond lewża (f) [lewza]
alphabet alfabet (m) [alfabett]
also anki [anki]
amazing ta' l-għaġeb [ta la:dzep]
ambulance ambulanza (f) [ambulantsa]
American Amerikan [amerika:n]
amount somma (f) [somma]
anaesthetic anestetiku (m) [anestetiku]
anchovy inċova (f) [int/o:va]

and u [u]
angel anġlu (m) [andzlu]
angry irrabjat [irrabya:t]
animal annimal (m) [annima:l]
ankle għaksa (f) [a:ksa]
annoy, to dejjaq [deyyaq]
another ieħor [eahor]
answer, to wieġeb [weadzep]
ant nemla (f) [nemla]
antibiotic antibijotiku (m) [antibiyo:tiku]
antidepressant antidipressiv (m) [antidepressi:f]
antiques antikitajiet (pl) [antikitayeat ]
antique shop antikwarju (m) [antikwaryu]
antiseptic antisettiku (m) [antisettiku]
anything kwalunkwe ħaġa (f) [kwalunkwe ha:dza]
appear deher [de:r]
aperitif aperitiv (m) [aperiti:f]
appendicitis appendiċite (f) [appendit/i:te]
appetizer antipast (m) [antipast]
apple tuffieħa (f) [tuffeaha]
appointment appuntament (m) [appuntament]
apricot berquqa (f) [berqu:qa]
April April (m) [apri:l]
archaeology arkeoloġija (f) [arkeolodziyya]
architect perit (m) [arkitett]
arid niexef [nea/ef]
arm driegħ (m) [dreah]
arrival wasla (f) [wasla]
arrive, to wasal [wasal]
art arti (f) [arti]
artery arterija (f) [arteriyya]
artichoke qaqoċċa (f) [qaqott/a]
artificial artifiċjali [artifit/ya:li]
artist artista (m, f) [artista]
ashtray axtrej (m) [a/trey]
ask for, to talab [talap]
asparagus spraġ (m) [spra:t/]
aspirin aspirina (f) [aspiri:na]
assortment varjetà (f) [varyeta]
asthma ażma (f) [azma]
at fi [fi]
at least mill-inqas [millinqas]
at once mill-ewwel [millewwel]
aubergine brinġiela (f) [brindzeala]
August Awwissu (m) [awwissu]
aunt zija (f) [tsiyya]
automatic awtomatiku [awtomatiku]
autumn ħarifa (f) [hari:fa]
average medja (f) [medya]
awful orribbli [orribbli]

# MALTESE-ENGLISH/ENGLISH-MALTESE

## B

baby  tarbija (f)  [tarbiyya]
baby food  ikel ghat-trabi (m)  [ikel a:ttra:bi]
babysitter  bejbisiter (m, f) [beybisiter]
back  dahar (m)  [da:r]
backache  ugigh tad-dahar (m) [udzi:h tadda:r]
bad  hazin  [hazi:n]
bag  borza (f)  [borza]
baggage  bagalji (m)  [bagalyi]
baggage check  depozitu tal-bagalji (m)  [depo:zitu talbagalyi]
bake, to  hama fil-forn  [hama filforn]
baker  furnar (m)  [furna:r]
balance  bilanc (m)  [bilantʃ]
balcony  gallerija (f)  [galleriyya]
bald  fartas  [farta:s]
ball  ballun (m)  [ballu:n]
ballet  ballett (m)  [ballett]
banana  banana (f)  [bana:na]
bandage  faxxa (f)  [faʃʃa]
Band-Aid  stikka (f)  [stikka]
bank  bank (m)  [bank]
bank card  karta ta' l-identità tal-bank (f)  [karta ta lidentita talbank]
baptism  mghamudija (f) [ma:mudiyya]
bar  bar (m)  [ba:r]
barbecue  barbikju (m)  [barbikyu]
barber  barbier (m)  [barbear]
basil  habaq (m)  [habaq]
basin  friskatur (m)  [friskatu:r]
basket  baskit (m)  [baskit]
basketball  baskitboll (m)  [baskitboll]
bath  banju (m)  [banyu]
bathing suit  malja (f)  [malya]
bathroom  kamra tal-banju (f) [kamra talbanyu]
bath towel  xugaman (m) [ʃugama:n]
battery  batterija (f)  [batteriyya]
bay  bajja (f)  [bayya]
be, to  kien  [kean]
beach  xatt il-bahar (m)  [ʃatt ilbahar]
bean  fula (f)  [fu:la]
beard  lehja (f)  [lehya]
beautiful  sabih  [sabi:h]
because  ghaliex  [aleaʃ]
bed  sodda (f)  [sodda]
bee  nahla (f)  [nahla]
beef  canga (f)  [tʃanga]
beer  birra (f)  [birra]
before  qabel  [qabel]
begin, to  beda  [beda]
beginner  princ, ipjant (m) [printʃipyant]
beginning  bidu (m)  [bidu]
behind  wara  [wara]
beige  beige  [be:ʃ]

bell  qanpiena (f)  [qanpeana]
below  taht  [taht]
belt  cinturin (m)  [tʃinturi:n]
bend (road)  liwja (f)  [liwya]
best  l-ahjar  [lahya:r]
better  ahjar  [ahya:r]
beware  attent  [attent]
between  bejn  [beyn]
bicycle  rota (f)  [ro:ta]
big  kbir  [gbi:r]
bill  kont (m)  [kont]
binoculars  kannokkjali (m) [kannokkya:li]
bird  ghasfur (m)  [a:sfu:r]
birth  twelid (m)  [tweli:t]
birthday  birthday (m)  [berdey]
biscuit  biskott (m)  [biskott]
bit, a little bit  ftit  [fti:t]
bitter  morr  [morr]
black  iswed  [iswet]
black and white  abjad u iswed [abyat u iswet]
bladder  buzzieqa (f)  [buzzeaqa]
blanket  kutra (f)  [kutra]
bleed, to  tilef id-demm  [tilef iddemm]
blind  ghama  [a:ma]
blind (window)  persjana (f) [persya:na]
blister  nuffata (f)  [nuffa:ta]
block, to  imblokka  [imblokka]
blood  demm (m)  [demm]
blood pressure  pressjoni tad-demm (f)  [pressyo:ni taddemm]
blood transfusion  trasfuzjoni tad-demm (f)  [trasfuzyo:ni taddemm]
blouse  bluza (f)  [blu:za]
blue  ikhal  [ikhal]
boarding house  pensjoni (f) [pensyo:ni]
boat  dghajsa (f)  [da:ysa]
bobby pin  labra tar-ras (f)  [labra tarra:s]
body  gisem (m)  [dzisem]
boil  musmar (m)  [musma:r]
boil, to  ghalla  [a:lla]
boiled  mgholli  [mo:lli]
boiled egg  bajda mghollija (f) [bayda mo:lliyya]
bone  ghadma (f)  [a:dma]
book  ktieb (m)  [kteap]
book, to (in advance)  ipprenota [ippreno:ta]
bookstore  hanut tal-kotba (m) [hanu:t talkotba]
born  mwieled  [mwealet]
botanical garden  gnien botaniku (m) [dznean bota:niku]
bottle  flixkun (m)  [fliʃku:n]

bottle opener  opener ta' flixkun (m) [owpiner ta fli/ku:n]
bottom  qiegh (m)  [qeah]
bowels  msaren (m)  [msa:ren]
box  kaxxa (f)  [ka//a]
boy  tifel (m)  [tifel]
bra  bra (m)  [bra]
bracelet  brazzuletta (f)  [brattsuletta]
brake  brejk (m)  [breyk]
bread  hobż (m)  [hops]
break, to  qasam  [qasam]
breakdown  breykdawn (m) [breykdawn]
breakfast  kolazzjon (f)  [kolattsyo:n]
breast  sider (m)  [sider]
breath  nifs (m)  [nifs]
breathe, to  ha n-nifs  [ha nnifs]
bridge  pont (m)  [pont]
briefs  qalziet ta' taht (m)  [qaltseat ta taht]
bring, to  ġab  [dza:p]
broken  maqsum  [maqsu:m]
brooch  labra (f)  [labra]
broom  xkupa (f)  [/ku:pa]
broth  brodu (m)  [bro:du]
brother  hu (m)  [hu]
brown  kannella  [kannella]

bruise  tbenġila (f)  [dbendzi:la]
brush  xkupilja (f)  [/kupilya]
bucket  barmil (m)  [barmi:l]
build, to  bena  [bena]
building  bini (m)  [bini]
bulb (light)  bozza (f)  [bottsa]
burn  harqa (f)  [harqa]
burn out, to (bulb)  nharqet [nharqet]
bus  karozza tal-linja (f)  [karottsa tallinya]
business  biżnis (m)  [biznis]
business trip  vjaġġ ta' biżnis (m) [vyatt/ ta biznis]
bus station  venda tal-karozzi (m) [venda talkarottsi]
bus stop  stejġ tal-karozza (m) [steyt/ talkarottsa]
busy  okkupat  [okkupa:t]
but  iżda  [izda]
butcher's  tal-laham (m)  [tallaham]
butter  butir (m)  [buti:r]
butterfly  farfett (m)  [farfett]
button  buttuna (f)  [buttu:na]
buy, to  xtara  [/tara]

# C

cabbage kaboċċa (f) [kabott/a]
cabin (ship) kabina (f) [kabi:na]
cable telegramm (m) [telegramm]
ċafè kafè (m) [kafe]
caffeine-free dekaffinat [dekaffina:t]
cake torta (f) [torta]
calculator kalkulatriċi (f)
[kalkulatri:t/i]
calendar kalendarju (m)
[kalendaryu]
call (phone) telefonata (f)
[telefona:ta]
call, to sejjaħ [seyyah]
camera magna tar-ritratti (f) [magna tarritratti]
camping camping (m) [kampink]
can (to be able) sata' [sata]
can (of fruit) landa (f) [landa]
cancel, to annulla [annulla]
candle xemgha (f) [/ema]
cap beritta (f) [beritta]
capable bravu [bra:vu]
caper kappara (f) [kappa:ra]
capital (financial) kapital (m)
[kapita:l]
car karozza (f) [karottsa]
carbon paper karta sahhara (f)
[karta sahha:ra]
carburetor karburatur (m)
[karburatu:r]
card game karti tal-loghob (f) [karti tallo:p]
car rent kiri tal-karozzi (m) [kiri talkarottsi]
car park parking (m) [parkink]
carrot zunnarija (f) [tsunnariyya]
carry, to ġarr [dzarr]
carton (of cigarettes) pakkett sigaretti (m) [pakkett sigaretti]
cartridge (camera) roll (m) [roll]
cash, to nkaxxa [nka//a]
cashier kaxxier (m) [ka//ear]
cassette kassetta (f) [kassetta]
castle kastell (m) [kastell]
cat qattus (m) [qattu:s]
catacomb katakombi (m)
[katakombi]
catalog katalgu (m) [katalgu]
cathedral katedral (m) [katedra:l]
Catholic Kattoliku [kattoliku]
cauliflower pastarda (f) [pastarda]
caution prudenza (f) [prudentsa]
cave ghar (m) [a:r]
ceiling saqaf (m) [saqaf]
celery karfusa (f) [karfu:sa]
cemetery ċimiteru (m) [t/imite:ru]
centimeter ċentimetru (m)
[t/entimetru]
center ċentru (m) [t/entru]
century seklu (m) [seklu]

cereal ċereali (pl) [t/erea:li]
certificate ċertifikat (m) [t/ertifika:t]
chain katina (f) [kati:na]
chair siġġu (m) [siddzu]
change (money) bqija (f) [pqiyya]
change, to bidel [bidel]
chapel kappella (f) [kappella]
charge prezz (m) [pretts]
charge, to (money) (i)ċċarġja
[itt/ardzya]
charge, to (car battery) (i)ċċarġja
[itt/ardzya]
cheap rhis [rhi:s]
check ċekk (m) [t/ekk]
check, to (i)kkontrolla [ikkontrolla]
checkbook librett tal-bank (m)
[librett talbank]
check in, to (baggage) (i)rreġistra
[irredzistra]
check out, to telaq [telaq]
checkup (medical) kontrol mediku
(m) [kontro:l mediku]
cheers! evviva! [evvi:va]
cheese ġobon (m) [dzobon]
chef kok (m) [ko:k]
cherry ċirasa (f) [t/ira:sa]
chess ċess (m) [t/ess]
chestnut qastna (f) [qastna]
chewing gum ċuwingam (m)
[t/uwingam]
chicken fellus (m) [fellu:s]
chickpea ċiċra (f) [t/it/ra]
chicory ċikwejra (f) [t/ikweyra]
child tifel (m), tifla (f) [tifel tifla]
chocolate ċikkolata (f) [t/ikkola:ta]
choice għażla (f) [a:zla]
Christmas Milied (m) [mileat]
church knisja (f) [knisya]
cigar sigarru (m) [sigarru]
cigarette sigaretta (f) [sigaretta]
cinema ċinema (m) [t/inema]
cinnamon kannella (f) [kannella]
circle ċirku (m) [t/irku]
city belt (f) [belt]
clam arzella (f) [artsella]
clean nadif [nadi:f]
clean, to naddaf [naddaf]
clear ċar [t/a:r]
clever intelliġenti [intellidzenti]
cliff rdum (m) [rdu:m]
climate klima (f) [kli:ma]
clock arloġġ (m) [arlott/]
close (near) viċin [vit/i:n]
close, to ghalaq [a:laq]
closed maghluq [ma:lu:q]
clothes ħwejjeġ (pl) [hweyyet/]
cloud sħaba (f) [sha:ba]
clove (garlic) sinna tewm (f) [sinna tewm]

clove musmar tal-qronfol (m) [musma:r talqronfol]
coach (bus) pullman (m) [pullman]
coach (sports) kowċ (m) [kowt/]
coat ġlekk (m) [dzlekk]
cockroach wirdiena (f) [wirdeana]
cod (fresh) merluzz (m) [merlutts]
coffee kafè (m) [kafe]
coin munita (f) [muni:ta]
cold kiesah [keasah]
cold (illness) riħ (m) [reah]
color kulur (m) [kulu:r]
color slide dijapożittiva (f) [diyapozitti:va]
come, to ġie [dzea]
comedy kummiedja (f) [kummeadya]
commission kummissjoni (f) [kummissyo:ni]
common komuni [komu:ni]
compartment skompartiment (m) [skompartiment]
compass boxxla (f) [bo//la]
complaint lment (m) [lment]
concert kunċert (m) [kunt/ert]
conductor maestru (m) [maestru]
confirm, to (i)kkonferma [ikkonferma]
congratulations! nifraħlek! [nifrahlek]
constipated konstipat [konstipa:t]
contact lens lenti tal-kontakt (f) [lenti talkontakt]
contain, to wasa' [wasa]
contraceptive kontraċettiv [kontrat/etti:f]
contract kuntratt (m) [kuntratt]
control kontroll (m) [kontroll]
convent kunvent (m) [kunvent]
cook kok (m) [ko:k]
cookie biskott (m) [biskott]
copper rħam (m) [rha:m]
cork tapp (m) [tapp]

corkscrew tirabuxù (m) [tirabu/u]
corner rokna (f) [rokna]
cost, to qam [qa:m]
cotton qoton (m) [qoton]
cough sogħla (f) [so:la]
cough, to sogħol [so:l]
countryside kampanja (f) [kampanya]
court house qorti (m) [qorti]
cousin kuġin (m), kuġina (f) [kudzi:n kudzi:na]
crab granċ (m) [grant/]
cramp bugħawieġ (m) [bua:weat/]
crayfish gamblu (m) [gamblu]
cream krema (f) [kre:ma]
credit kreditu (m) [kreditu]
credit card kredit kard (m) [kredit kart]
crockery fajjenza (f) [fayyentsa]
cross salib (m) [sali:p]
cross, to qasam [qasam]
cruise kruż (m) [kru:s]
crystal kristall (m) [kristall]
crutches krozzi (pl) [krottsi]
cucumber ħjara (f) [hya:ra]
cup tazza (f) [tattsa]
currency kors tal-flus (m) [kors talflu:s]
current kurrent (m) [kurrent]
curtain (theater) siparju (m) [siparyu]
curtain (house) purtiera (f) [purteara]
curve liwja (f) [liwya]
custom drawwa (f) [drawwa]
customs dwana (f) [dwa:na]
cut (wound) qatgħa (f) [qata]
cut, to qata' [qata]
cutlery pożati (pl) [poza:ti]
cycling ċikliżmu (m) [t/iklizmu]
cylinder ċilindru (m) [t/ilindru]

# MALTESE-ENGLISH/ENGLISH-MALTESE

## D

dad papà (m) [papa]
damage ħsara (f) [ħsa:ra]
damp umdu [umdu]
dance, to żifen [zifen]
danger periklu (m) [periklu]
dangerous perikuluż [perikulu:s]
dare (i)ssogra [issogra]
dark mudlam [mudla:m]
date (time) data (f) [da:ta]
date (fruit) tamla (f) [tamla]
daughter bint (f) [bint]
day jum (m) [yu:m]
dead mejjet [meyyet]
death mewt (f) [mewt]
decaffeinated dekaffinat
[dekaffina:t]
December Diċembru (m)
[dit/embru]
decide, to (i)ddeċieda [iddet/eada]
decision deċiżjoni (f) [det/izyo:ni]
delay dewmien (m) [dewmean]
delicatessen salumerija (f)
[salumeriyya]
delicious delizzjuż [delittsyu:s]
deliver, to (i)kkunsinna [ikkunsinna]
dentist dentista (m, f) [dentista]
denture dentiera (f) [denteara]
deodorant dejodorant (m)
[deyodorant]
departure tluq (m) [tlu:q]
deposit depożitu (m) [depo:zitu]
dessert diżerta (f) [dizerta]
detour devjazzjoni (f)
[devyattsyo:ni]
develop, to sviluppa [zviluppa]
diabetes dijabete (f) [diyabe:te]
diabetic dijabetiku [diyabetiku]
dialling code prefiss (m) [prefiss]
diamond djamant (m) [dyamant]
diaper nappy (m) [napi]
diarrhoea dijarrea (f) [diyarrea]
diary djarju (m) [dyaryu]
dictionary dizzjunarju (m)
[dittsyunaryu]
die, to miet [meat]
diet dieta (f) [deata]
difficult diffiċli [diffit/li]
difficulty diffikultà (f) [diffikulta]
digital diġitali [didzita:li]
dine, to (i)ppranza [ipprantsa]
dining room sala tal-pranzu (f)
[sa:la talprantsu]
dinner pranzu (m) [prantsu]
direct dirett [dirett]
direct, to (i)dderieġa [iddereadza]
direction direzzjoni (f) [direttsyo:ni]

director (theater) reġista (m, f)
[redzista]
directory (phone) direttorju (m)
[direttoryu]
dirty maħmuġ [mahmu:t/]
disabled handikappat
[handikappa:t]
disk disk (m) [disk]
disappear, to sparixxa [spari//a]
disappointed diżappuntat
[dizappunta:t]
disease marda (f) [marda]
dish platt (m) [platt]
dislocate, to żloga [slo:ga]
dissatisfied insodisfatt [insodisfatt]
distance distanza (f) [distantsa]
district distrett (m) [distrett]
disturb, to (i)ddisturba [iddisturba]
dive, to għodos [o:dos]
dizzy stordut [stordu:t]
divorced divorzjat [divortsya:t]
do, to għamel [a:mel]
doctor tabib (m) [tabi:p]
dog kelb (m) [kelp]
doll pupa (f) [pu:pa]
dollar dollaru (m) [dollaru]
door bieb (m) [beap]
double doppju [doppyu]
double bed sodda doppja (f)
[sodda doppya]
down isfel [isfel]
downstairs isfel (m) [isfel]
down there hemm isfel [emm isfel]
downtown ċentru (m) [t/entru]
dozen tużżana (f) [tuzza:na]
dream ħolma (f) [holma]
dress libsa (f) [lipsa]
drink drink (m) [drink]
drink, to xorob [/orop]
drinking water ilma tax-xorb (m)
[ilma ta//orp]
drip, to qattar [qattar]
drive, to saq [sa:q]
driving license liċenza tas-sewqan
(f) [lit/entsa tassewqa:n]
drop (liquid) qatra (f) [qatra]
dry niexef [nea/ef]
dry cleaner dry cleaner (m) [dray
kli:ner]
drunk sakran [sakra:n]
duck papra (f) [papra]
during matul [matu:l]
duty (customs) dazju (m) [datsyu]
dye kulur (m) [kulu:r]

# E

each kull [kull]
ear widna (f) [widna]
earache uġigh fil-widna (m) [udzi:h filwidna]
early kmieni [kmeani]
earring misluta (f) [mislu:ta]
earth dinja (f) [dinya]
east lvant (m) [lvant]
Easter l-Għid (m) [le:yt]
easy ħafif [hafi:f]
eat, to kiel [keal]
egg bajda (f) [bayda]
eggplant brinġiela (f) [brindzeala]
eight tmienja [tmeanya]
eighteen tmintax [tminta:/]
eighty tmenin [tmeni:n]
either... or... jew... jew... [yew yew]
elastic lastku (m) [lastku]
elbow minkeb (m) [minkep]
electric elettriku [elettriku]
electricity elettriċità (f) [elettrit/ita]
electronic elettroniku [elettroniku]
elevator lift (m) [lift]
eleven ħdax [hda:/]
elsewhere band'oħra [bandohra]
embark, to imbarka [imbarka]
emerald żmerald (m) [smeralt]
embassy ambaxxata (f) [amba//a:ta]
emergency emerġenza (f) [emerdzentsa]
emergency exit ħruġ t'emerġenza (m) [hrut/ temerdzentsa]
empty vojt [voyt]
enamel enamel (m) [enamel]
end tmiem (m) [tmeam]
engagement ring ċurkett ta' l-għarusija (m) [t/urkett ta larusiyya]
engine magna (f) [magna]
England Ingilterra (f) [ingilterra]
English Ingliż (m) [ingli:s]
enjoyable pjaċevoli [pyat/evoli]
enjoy oneself, to ħa pjaċir [ha pyat/i:r]
enlarge, to kabbar [kabbar]
enough biżżejjed [bizzeyye:t]
enter, to daħal [dahal]

entrance dħul (m) [thu:l]
envelope invilopp (m) [invilopp]
epileptic epilettiku [epilettiku]
equipment ekwippment (m) [ekwippment]
eraser gomma (f) [gomma]
especially speċjalment [spet/yalment]
Europe Ewropa (f) [ewro:pa]
European Ewropew (m) [ewrope:w]
even anki [anki]
evening fil-għaxija (f) [fila/iyya]
everyone kulħadd [kulhatt]
everything kollox [kollo/]
everywhere kullimkien [kullimkean]
exaggerate, to esaġera [esadzera]
examine, to eżamina [ezamina]
example eżempju (m) [ezempyu]
excellent eċċellenti [ett/ellenti]
except ħlief [hleaf]
exchange, to bidel [bidel]
exchange rate rata tal-kambju (f) [ra:ta talkambyu]
exciting eċċitanti [ett/itanti]
excursion eskursjoni (f) [eskursyo:ni]
excuse, to skuża [sku:za]
exercise book pitazz (m) [pitatts]
exhibition esibizzjoni (f) [esibittsyo:ni]
exit ħruġ (m) [hru:t/]
expect, to stenna [stenna]
expense spiża (f) [spi:za]
expensive għali [a:li]
explain, to spjega [spje:ga]
express espress [espress]
expression espressjoni (f) [espressyo:ni]
extra żejda [zeyda]
extract, to (tooth) qala' [qala]
eye għajn (f) [a:yn]
eyedrops qtar għall-għajnejn (pl) [qta:r a:lla:yneyn]
eyesight vista (f) [vi:sta]
eye specialist okulista (m, f) [okulista]

# F

face wicc (m) [witt/]
factory fabbrika (f) [fabbrika]
fair fiera (f) [feara]
Fall Harifa (f) [hari:fa]
fall, to waqa' [waqa]
false falz [falts]
family familja (f) [familya]
famous magħruf [ma:ru:f]
fan fann (m) [fann]
fan belt ċinga tal-fann (f) [t/inga talfann]
far il-bogħod [ilbo:t]
fare tariffa (f) [tariffa]
farm qasam (m) [qasam]
farmer bidwi (m) [bidwi]
fast malajr [malayr]
fat (meat) xaħam (m) [/aham]
fat (person) oħxon [oh/on]
father missier (m) [missear]
faucet vit (m) [vi:t]
fault ħtija (f) [htiyya]
fear biża' (m) [biza]
February Frar (m) [fra:r]
fee (doctor) onorarju (m) [onoraryu]
feel, to ħass [hass]
fever deni (m) [deni]
few ftit [fti:t]
fiance għarus (m) [a:ru:s]
fiancée għarusa (f) [a:ru:sa]
field għalqa (f) [a:lqa]
fifteen ħmistax [hmista:/]
fifth ħames [hames]
fifty ħamsin [hamsi:n]
fig tina (f) [ti:na]
fight, to (i)ġġieled [iddzealet]
file (tool) lima (f) [li:ma]
fill in, to mela [mela]
fillet filett (m) [filett]
filling (tooth) filling (m) [fillink]
filling station stazzjon tal-petrol (m) [stattsyo:n talpetrol]
film film (m) [film]
filter filtru (m) [filtru]
find, to sab [sa:p]
fine (OK) tajjeb [tayyep]
finger saba' (m) [saba]
fire nar (m) [na:r]
fireworks logħob tan-nar (m) [lo:p tanna:r]
first l-ewwel [lewwel]
first aid first aid (m) [fersteyt]
first class prima klassi (f) [pri:ma klassi]
first course l-ewwel kors (m) [lewwel kors]
first floor l-ewwel sular (m) [lewwel sula:r]
first name isem (m) [isem]
fish ħuta (f) [hu:ta]
fish, to stad [sta:t]

fishing sajd (m) [sayt]
fit (healthy) fsaħħtu [fsahhtu]
five ħamsa [hamsa]
fix, to (i)rripara [irripa:ra]
flannel flanella [flanella]
flat ċatt [t/att]
flat (apartment) appartament (m) [appartament]
flat tire tajer mifqugħ (m) [tayer mifqu:h]
flea market suq (m) [su:q]
flight titjira (f) [tityi:ra]
floor (of room) art (f) [art]
floor (story) sular (m) [sula:r]
floor show varjetà (f) [varyeta]
florist florist (m) [florist]
flour dqiq (m) [dqeaq]
flower fjura (f) [fyu:ra]
flu influwenza (f) [influwentsa]
fog ċpar (m) [t/pa:r]
follow, to segwa [segwa]
folly bluha (f) [blu:wa]
food ikel (m) [ikel]
food poisoning avvelenamnet ta' l-ikel (m) [avvelenament ta likel]
foot sieq (m) [seaq]
football futbol (m) [futbol]
footpath mogħdija (f) [mo:diyya]
for għal [a:l]
forbid (i)pprojbixxa [ipproybi//a]
forbidden projbit [proybi:t]
forecast previżjoni (f) [previzyo:ni]
foreign stranġier (m) [strandzear]
forest foresta (f) [foresta]
forget nesa [nesa]
fork furketta (f) [furketta]
form (document) formula (f) [formula]
fortnight ħmistax-il ġurnata (f) [hmista:/ ildzurna:ta]
fortress furtizza (f) [furtittsa]
forty erbgħin [erbeyn]
fountain funtana (f) [funta:na]
fountain pen pinna (f) [pinna]
four erbgħa [erba]
fourteen erbatax [erbata:/]
fourth raba' [raba]
France Franza (f) [frantsa]
free gratis [gra:tis]
French Franċiż (m) [frant/i:s]
French bean fażola (f) [fazo:la]
fresh frisk [frisk]
Friday Ġimgħa (f) [dzima]
fridge friġġ (m) [fritt/]
fried moqli [moqli]
fried egg bajda moqlija (f) [bayda moqliyya]
friend ħabib (m) [habi:p]
from minn [minn]
front quddiem [quddeam]

fruit  frott (m)  [frott]
fruit cocktail  maċedonja tal-frott (f)  [mat/edonya talfrott]
fruit juice  sugu tal-frott (m)  [su:gu talfrott]
fryingpan  taġen (m)  [ta:dzen]
full  mimli  [mimli]

full insurance  assigurazzjoni shiħa (f)  [assigurattsyo:ni shi:ha]
fun  divertiment (m)  [divertiment]
funeral  funeral (m)  [funera:l]
furniture  għamara (f)  [a:ma:ra]
further  iktar il-boghod  [iktar ilbo:t]
fuse  fjus  [fyu:s]
future  futur  [futu:r]

# G

game  loghba (f)  [lo:ba]
garage  garax (m)  [gara//]
garden  ġnien (m)  [dznean]
garlic  tewma (m)  [tewma]
gas  gass (m)  [gass]
gasoline  petrol (m)  [petrol]
gastritis  gastrite (f)  [gastri:te]
gauze  garża (f)  [garza]
gay  omosesswali (m, f)  [omosesswa:li]
gear  gijer (m)  [giye:r]
general  ġenerali  [dzenera:li]
general delivery  poste restante (f)  [post restant]
genitals  ġenitali (pl)  [dzenita:li]
gentleman  sinjur (m)  [sinyu:r]
genuine  ġenwin  [dzenwi:n]
German  Germaniż  [dzermani:s]
Germany  Ġermanja (f)  [dzermanya]
get, to (obtain)  akkwista  [akkwista]
get back, to  (i)rritorna  [irritorna]
get off, to  niżel  [nizel]
get up, to  qam  [qa:m]
girl  tifla (f)  [tifla]
girlfriend  ħabiba (f)  [habi:ba]
give, to  ta  [ta]
glad  kuntent  [kuntent]
glass  tazza (f)  [tattsa]
glasses  nuċċali (m)  [nutt/a:li]
gloomy  melankoniku  [melanko:niku]
glossy  ileqq  [ileqq]
gloves  ingwanti (pl)  [ingwanti]
glue  kolla (f)  [kolla]
go, to  mar  [ma:r]
go down, to  niżel  [nizel]
go up, to  tela'  [tela]
go out, to  ħareġ  [haret/]
goat  mogħża (f)  [mo:za]
God  Alla (m)  [alla]
gold  deheb (m)  [de:p]

golden  tad-deheb  [tadde:p]
golf  golf (m)  [golf]
good  tajjeb  [tayyep]
good bye  saħħa  [sahha]
goose  wiżża (f)  [wizza]
government  gvern (m)  [gvern]
gram  gramm (m)  [gramm]
grammar book  grammatika (f)  [gramma:tika]
grandfather  nannu (m)  [nannu]
grandmother  nanna (f)  [nanna]
grapes  għeneb (pl)  [e:nep]
grapefruit  grejpfrut (m)  [greypfru:t]
grass  ħaxix (m)  [ha/i:/]
grateful  rikonoxxenti  [rikono//enti]
Greece  Greċja (f)  [gret/ya]
Greek  Grieg  [greak]
green  aħdar  [ahdar]
green bean  fażola (f)  [fazo:la]
greengrocer's  tal-ħaxix (m)  [talha/i:/]
green salad  insalata (f)  [insala:ta]
greeting  tislija (f)  [tisliyya]
grey  griż  [gri:s]
grilled  mixwi  [mi/wi]
grocery  ħanut tal-merċa (m)  [hanu:t talmert/a]
group  grupp (m)  [grupp]
guarantee  garanzija (f)  [garantsiyya]
guest  mistieden (m)  [misteaden]
guesthouse  pensjoni (f)  [pensyo:ni]
guide  gwida (m, f)  [gwi:da]
guidebook  gwida turistika (m)  [gwi:da turistika]
guitar  kitarra (f)  [kitarra]
gum (teeth)  ħanek (m)  [hanek]
gun  xkubetta (f)  [/kubetta]
gynecologist  ġinekoloġista (m, f)  [dzinekolodzista]

# DICTIONARY AND PHRASEBOOK

## H

habit drawwa (f) [drawwa]
hair xaghar (m) [/a:r]
hairbrush xkupilja tax-xaghar (f) [/kupilya ta//a:r]
hairdresser hairdresser (m) [herdrese:r]
hairdryer hairdryer (m) [herdraye:r]
hairspray sprej ghax-xaghar (m) [sprey a//a:r]
half nofs (m) [nofs]
half a dozen nofs tużżana (f) [nofs tuzza:na]
half price nofs prezz (m) [nofs pretts]
hall sala (f) [sa:la]
ham perżut (m) [perzu:t]
hamburger hamburger (m) [hamburger]
hammer martell (m) [martell]
hand id (f) [i:t]
handbag borżetta (f) [borzetta]
handicrafts artiġjanat (m) [artidzyana:t]
hankerchief maktur (m) [maktu:r]
handle manku (m) [manku]
handmade maghmul bi-idejn [ma:mu:l blideyn]
handsome gustuż [gustu:s]
hangover uġigh ta' ras [udzi:h ta ra:s]
happen, to ġara [dzara]
happy kuntent [kuntent]
harbor port (m) [port]
hard iebes [eabes]
hardware store hanut taż-żebgha (m) [hanu:t tazzeba]
hat kappell (m) [kappell]
have, to kellu [kellu]
hazelnut ġellewża (f) [dzellewza]
he huwa (m) [uwwa]
headache uġigh ta' ras [udzi:h ta ra:s]
headlight headlight (m) [hedlayt]
headphones headphones (pl) [hetfowns]
health sahha (f) [sahha]
health insurance assigurazzjoni tas-sahha (f) [assigurattsyo:ni tassahha]
heart qalb (m) [qalp]
heart attack attakk tal-qalb (m) [attakk talqalp]
heat shana (f) [sha:na]
heating heating (m) [hi:tink]
heavy tqil [tqi:l]
heel (shoe) takkuna (f) [takku:na]
heel (foot) gharqub (m) [a:rqu:p]
height (body) tul (m) [tu:l]
height gholi (m) [o:li]
helicopter elikotteru (m) [elikotteru]
hello! (phone) allo! [allo]

help ghajnuna (f) [a:ynu:na]
help, to tghin [te:yn]
her taghha [ta:hha]
herbs hwawar (pl) [hwa:war]
here hawn [a:wn]
herring aringa (f) [aringa]
hiccups sulluzzu (m) [sulluttsu]
hide, to heba [heba]
high gholi [o:li]
hill gholja (f) [o:lya]
hire, to kera [kera]
his tieghu [teao:w]
history storja (f) [storya]
hit, to laqat [laqat]
hitchhike, to ghamel l-awtostop [a:mel lawtostop]
hold on! (phone) ibqa' fuq il-linja! [ibqa fu:q illinya]
hole toqba (f) [toqba]
holiday vaganza (f) [vagantsa]
home address indirizz tad-dar (m) [indiritts tadda:r]
honest onest [onest]
honey ghasel (m) [a:sel]
hope, to (i)ttama [itta:ma]
horn horn (m) [horn]
hors d'oeuvre antipast (m) [antipast]
horse żiemel (m) [zeamel]
horse riding korsa tat-tiġrija (f) [korsa tattidzriyya]
hospital sptar (m) [spta:r]
hot shun . [shu:n]
hotel lukanda (f) [lukanda]
hotel reservation prenotazzjoni tal-lukanda (f) [prenotattsyo:ni tallukanda]
hot water ilma shun (m) [ilma shu:n]
hot-water bottle flixkun tal-ilma shun (m) [fli/ku:n ta lilma shu:n]
hour siegha (f) [seaa]
house dar (f) [da:r]
how kif [ki:f]
how far kemm hu boghod [kemm u bo:t]
how long (time) kemm idum [kemm idu:m]
how long (measure) kemm hu twil [kemm u twi:l]
how many kemm huma [kemm u:ma]
how much kemm iqum [kemm iqu:m]
hundred mija [miyya]
hungry, to be ghandu l-ġuh [a:ndu ldzu:h]
hurry, to be in a kien mghaġġel [kean ma:ddzel]

- 67 -

hurt, to (somebody) waġġa'
[waddza]

husband raġel (m) [ra:dzel]

# DICTIONARY AND PHRASEBOOK

## I

I jien (m, f) [yean]
ice silġ (m) [silt/]
ice cream ġelat (m) [dzela:t]
idea idea (f) [idea]
idiot idjota [idyo:ta]
if jekk [yekk]
ignition ignixin (f) [igni/in]
ill marid [mari:t]
illness marda (f) [marda]
immediately minnufih [minnufi:h]
important importanti [importanti]
impossible impossibbli [impossibbli]
impressive impressjonanti [impressyonanti]
in fi [fi]
include, to inkluda [inklu:da]
incredible inkredibbli [inkredibbli]
independent independenti [independenti]
indigestion indiġestjoni (f) [indidzestyo:ni]
indoors ġewwa [dzewwa]
industry industrija (f) [industriya]
inexpensive mhux għali [mu:/ a:li]
infection infezzjoni (f) [infettsyo:ni]
inflammation infjammazzjoni (f) [infyammattsyo:ni]
influenza influwenza (f) [influwentsa]
information informazzjoni (f) [informattsyo:ni]
injection injezzjoni (f) [inyettsyo:ni]
injure, to waġġa' [waddza]
injured mwaġġa' [mwaddza]
ink linka (f) [linka]
innocent innoċenti [innot/enti]
inquiry informazzjoni (f) [informattsyo:ni]
insect insett (m) [insett]
insect bite tingiża ta' insett (f) [tingi:za ta insett]

insect repellent krema kontra l-insetti (f) [kre:ma kontra linsetti]
inside ġewwa [dzewwa]
instead minflok [minflo:k]
instrument strument (m) [strument]
insurance assigurazzjoni (f) [assigurattsyo:ni]
interest interess (m) [interess]
interesting interessanti [interessanti]
international internazzjonali [internattsyona:li]
interpreter interpretu (m) [interpretu]
intersection salib it-toroq (m) [sali:p ittoroq]
introduce, to introduċa [introdu:t/a]
introduction introduzzjoni (f) [introduttsyo:ni]
investment investiment (m) [investiment]
invitation stedina (f) [stedi:na]
invite, to stieden [steaden]
invoice kont (m) [kont]
iodine jodju (m) [yodyu]
Ireland Irlanda (f) [irlanda]
iron (laundry) ħadida tal-mogħdija (f) [hadi:da talmo:diyya]
iron (metal) ħadid (m) [hadi:t]
iron, to għadda [a:dda]
Israel Iżrael (m) [izrael]
Italian Taljan (m) [talya:n]
Italy Italja (f) [italya]
itch ħakk (m) [hakk]
its tiegħu (m), tagħha (f) [teao:w ta:hha]
IUD kojl (m) [kojl]
ivory ivorju (m) [ivoryu]

# MALTESE-ENGLISH/ENGLISH-MALTESE

## J

jacket ġlekk (m) [dzlekk]
jam marmellata (f) [marmella:ta]
jam, to imblokka [imblokka]
January Jannar (m) [yanna:r]
Japan Ġappun (m) [dzappu:n]
jar vażett (m) [vazett]
jaundice suffejra (f) [suffeyra]
jaw geddum (m) [geddu:m]
jealous għajjur [a:yyu:r]
jeans ġins (m) [dzi:ns]
jellyfish brama (f) [bra:ma]
jewel ġojjell (m) [dzoyyell]
jeweller ġojjier (m) [dzoyyear]
Jewish Lhudi (m) [lu:di]

job xogħol (m.) [/o:l]
joint artikolazzjoni (f) [artikolattsyo:ni]
jogging ġogging (m) [dzoggink]
joke ċajta (f) [t/ayta]
journey vjaġġ (m) [vyatt/]
jug buqar (m) [buqa:r]
juice sugu (m) [su:gu]
July Lulju (m) [lulyu]
jump, to qabeż [qabes]
June Ġunju (m) [dzunyu]
just (only) biss [biss]

- 70 -

# K

keep, to  żamm  [zamm]
kettle  kitla (f)  [kitla]
kerosene  pitrolju (m)  [pitrolyu]
key  ċavetta (f)  [tʃavetta]
kidney  kilwa (f)  [kilwa]
kill, to  qatel  [qatel]
kilogram  kilogramm (m)
[kilogramm]
kilometer  kilometru (m)  [kilometru]
kind  ġentili  [dzenti:li]

kind (type)  xorta (f)  [ʃorta]
king  re (m)  [re]
kiss  bewsa (f)  [bewsa]
kiss, to  bies  [beas]
kitchen  kċina (f)  [ktʃi:na]
knee  rkoppa (f)  [rkoppa]
knife  sikkina (f)  [sikki:na]
knock, to  ħabbat  [habbat]
know, to  af  [a:f]

# L

label tikketta (f) [tikketta]
lace bizzilla (f) [bittsilla]
ladder sellum (m) [sellu:m]
lady sinjura (f) [sinyu:ra]
lake għadira (f) [a:di:ra]
lamb ħaruf (m) [ħaru:f]
lamp lampa (f) [lampa]
landscape pajsaġġ (m) [paysatt/]
language lingwa (f) [lingwa]
lantern lanterna (f) [lanterna]
large kbir [gbi:r]
last l-aħħar [laħħar]
last name kunjom (m) [kunyo:m]
late tard [tart]
later iktar tard [iktar tart]
laugh, to daħak [daħak]
laundry londri (f) [londri]
law liġi (f) [li:dzi]
lawyer avukat (m) [avuka:t]
laxative purganti (m) [purganti]
lazy għażżien [a:zzean]
lead, to (i)ggwida [iggwi:da]
leaf werqa (f) [werqa]
learn, to tgħallem [ta:llem]
leather ġild (m) [dzilt]
leave, to telaq [telaq]
leave, to (something) ħalla [ħalla]
left xellug [/ellu:k]
leg sieq (m) [seaq]
lemon lumija (f) [lumiyya]
lemonade limunata (f) [limuna:ta]
lemon juice sugu tal-lumi (m) [su:gu tallu:mi]
lend, to silef [silef]
lens lenti (f) [lenti]
less inqas [inqas]
lesson lezzjoni (f) [lettsyo:ni]
let, to ħalla [ħalla]
letter ittra (f) [ittra]
letter box kaxxa tal-ittri (f) [ka//a talittri]
lettuce ħassa (m) [ħassa]
library librerija (f) [libreriyya]
lie down, to mtedd [imtett]

life belt salvawomu (m) [salvawo:mu]
light ħafif [ħafi:f]
light dawl (m) [dawl]
like, to għoġob [o:dzop]
line linja (f) [linya]
linen xoqqa (f) [/oqqa]
lip xoffa (f) [/offa]
lipstick lipstik (m) [lipstik]
liqueur likur (m) [liku:r]
liquid likwidu (m) [likwidu]
listen, to sama' [sama]
liter litru (m) [litru]
little żgħir [ze:yr]
little (a) ftit (m) [fti:t]
live, to tgħix [te:y/]
liver fwied (m) [fweat]
living room salott (m) [salott]
lizard gremxula (f) [grem/u:la]
lobster awwista (f) [awwista]
local lokali [loka:li]
long twil [twi:l]
look, to ħares [ha:res]
look for, to fittex [fitte/]
look out! attenzjoni! [attenttsyo:ni]
lose, to tilef [tilef]
loss telfa (f) [telfa]
lost mitluf [mitlu:f]
lot (a) ħafna (m) [ħafna]
lotion lozjoni (f) [lotsyo:ni]
loud għoli [o:li]
love, to ħabb [ħapp]
lovely grazzjuż [grattsyu:s]
low baxx [ba//]
lower iktar baxx [iktar ba//]
low season staġun baxx (m) [stadzu:n ba//]
luck xorti (f) [/orti]
luggage valiġġa (f) [validdza]
lump (bump) ħotba (f) [ħotba]
lunch lanċ (m) [lant/]
lung pulmun (m) [pulmu:n]

# M

machine magna (f) [magna]
mackerel sawrella (f) [sawrella]
magazine rivista (f) [rivista]
mad miġnun [midznu:n]
magnificent manjifiku [manyifiku]
maid seftura (f) [seftu:ra]
mail, to imposta [imposta]
mailbox kaxxa tal-ittri (f) [ka//a talittri]
main prinċipali [print/ipa:li]
make, to għamel [a:mel]
makeup mejkapp (m) [meykapp]
man raġel (m) [ra:dzel]
manager maniġer (m) [manidzer]
manicure manikjur (f) [manikyur]
many ħafna [ħafna]
map mappa (f) [mappa]
March Marzu (m) [martsu]
margarine margarina (f) [margari:na]
marinated marinat [marina:t]
marjoram merqdux (m) [merqdu:/]
market suq (m) [su:q]
marmalade marmellata (f) [marmella:ta]
married miżżewweġ [mizzewwet/]
mascara maskara (f) [maska:ra]
mass (church) quddiesa (f) [quddeasa]
match (light) sulfarina (f) [sulfari:na]
match (sport) macċ (m) [matt/]
match, to qabbel [qabbel]
material (cloth) materjal (m) [materya:l]
mathematics matematka (f) [matema:tka]
mattress saqqu (m) [saqqu]
May Mejju (m) [meyyu]
may (can) sata' [sata]
maybe forsi [forsi]
meal ikla (f) [ikla]
mean, to fisser [fisser]
means mezzi (pl) [meddsi]
measles ħożba (f) [ħozba]
measure, to kejjel [keyyel]
meat laħam (m) [laħam]
meatball pulpetta (f) [pulpetta]
mechanic mekkanik (m) [mekkanik]
medicine mediċina (f) [medit/i:na]
Mediterranean Mediterran (m) [mediterra:n]
medium (meat) medju [medyu]
meet, to ltaqa' [ltaqa]
melon bittieħa (f) [bitteaha]
mend, to sewwa [sewwa]
menu menù (m) [menu]
mess taħwida (f) [taħwi:da]
message messaġġ (m) [messatt/]

metal metall (m) [metall]
meter metru (m) [metru]
middle nofs [nofs]
Middle Ages Medju Evu (m) [medyu e:vu]
midnight nofs il-lejl (m) [nofs illeyl]
mileage kilometraġġ (m) [kilometratt/]
milk ħalib (m) [ħali:p]
million miljun (m) [milyu:n]
mine tiegħi [teae:y]
mineral water ilma minerali (m) [ilma minera:li]
minute minuta (f) [minu:ta]
mirror mera (f) [mera]
Miss Miss [miss]
miss, to naqas [naqas]
mistake żball (m) [zball]
mixed mħallat [mħallat]
mix, to ħallat [ħallat]
modern modern [modern]
moment mument (m) [mument]
monastery monasteru (m) [monaste:ru]
Monday it-Tnejn (m) [ittneyn]
money flus (m) [flu:s]
money order money order (m) [mani order]
month xahar (m) [/a:r]
monument monument (m) [monument]
moon qamar (m) [qamar]
more iktar [iktar]
morning għodwa (f) [o:dwa]
mortgage ipoteka (f) [ipote:ka]
mosquito nemusa (f) [nemu:sa]
mosque moskea (f) [moskea]
most l-iktar [liktar]
mother omm (f) [omm]
motorboat mowtorbowt (m) [mowtorbowt]
mountain muntanja (f) [muntanya]
moustache mustaċċi (pl) [mustatt/i]
mouth ħalq (m) [ħalq]
move, to (something) ċaqlaq [t/aqlaq]
movie film (m) [film]
Mr. Sinjur [sinyu:r]
Mrs. Sinjura [sinyu:ra]
much wisq [wisq]
muscle muskolu (m) [muskolu]
museum mużew (m) [muze:w]
mushroom fungu (m) [fungu]
music mużika (f) [muzika]
mussel masklu (m) [masklu]
mustard mustarda (f) [mustarda]
my tiegħi [teae:y]

- 73 -

# N

nail (finger) difer (m) [difer]
nail file nail file (m) [neyl fayl]
nail polish nail polix (m) [neyl poli/]
nail polish remover dissolvant (m) [dissolvant]
naked għarwien [a:rwean]
name isem (m) [isem]
napkin sarvetta (f) [sarvetta]
narrow dejjaq [deyyaq]
nationality nazzjonalità (f) [nattsyonalita]
natural naturali [natura:li]
nature natura (f) [natu:ra]
nausea nawsja (f) [nawsya]
near viċin [vit/i:n]
nearly kważi [kwa:zi]
nearby ħdejn [hdeyn]
nearest l-iktar viċin [liktar vit/i:n]
necessary meħtieġ [mehteat/]
neck għonq (m) [o:nq]
necklace kullana (f) [kulla:na]
need, to ħtieġ [hteat/]
needle labra (f) [labra]
needlework ħjata (f) [hya:ta]
negative negativ [negati:f]
nerve nerv (m) [nerf]
nervous nervuż [nervu:s]
neurotic newrotiku [newro:tiku]
never qatt [qatt]
new ġdid [dzdi:t]

newspaper gazzetta (f) [gaddsetta]
New Year Sena Ġdida (f) [sena dzdi:da]
next l-ieħor [leahor]
next to ħdejn [hdeyn]
niece neputija (f) [neputiyya]
night lejl (m) [leyl]
nightclub najtklabb (m) [naytklapp]
nine disgħa [disa]
nineteen dsatax [tsata:/]
ninety disgħin [dise:yn]
ninth disa' [disa]
no le [le]
nobody ħadd [hatt]
noisy storbjuż [storbyu:s]
nonalcoholic bla alkoħol [bla alkoho:l]
nonsmoking bla tipjip [bla tipyi:p]
north tramuntana (f) [tramunta:na]
nose mnieħer (m) [mneaher]
notebook notebook (m) [nowtbuk]
nothing xejn [/eyn]
notice avviż (m) [avvi:s]
November Novembru (m) [novembru]
now issa [issa]
number numru (m) [numru]
nurse infermier (m) [infermear]
nut (to eat) ġewża (f) [dzewza]

# O

obnoxious  insapportabbli [insapportabbli]
obvious  evidenti  [evidenti]
occasionally  kultant  [kultant]
occupied  okkupat  [okkupa:t]
October  Ottubru (m)  [ottubru]
octopus  qarnita (f)  [qarni:ta]
of  ta'  [ta]
off (lights)  mitfi  [mitfi]
offend, to  offenda  [offenda]
offer, to  offra  [offra]
office  uffiċċju (m)  [uffitt∫yu]
often  sikwit  [sikwi:t]
oil  żejt (m)  [zeyt]
old  xiħ  [∫eah]
ointment  ingwent (m)  [ingwent]
olive  żebbuġa (f)  [zebbu:dza]
olive oil  żejt taż-żebbuġ (m)  [zeyt tazzebbu:t∫]
omelette  froġa (f)  [fro:dza]
on  fuq  [fu:q]
once  darba waħda  [darba wahda]
one  wieħed (m)  [weahet]
on foot  bil-mixi  [bilmi∫i]
onion  basla (f)  [basla]
only  biss  [biss]
on time  fil-ħin  [filhi:n]
open  miftuħ  [miftu:h]
open, to  fetaħ  [fetah]
open-air  fil-berah  [filberah]
opera  opera (f)  [opera]

operation  operazzjoni (f)  [operattsyo:ni]
operator  operator (m)  [opereyter]
opinion  fehma (f)  [fe:ma]
opposite  oppost  [oppost]
optician  optixin (m)  [opti∫in]
or  jew  [yew]
oral  orali  [ora:li]
orange  laringa (f)  [larindza]
orange juice  sugu tal-laring (m)  [su:gu tallarint∫]
orange tree  siġra tal-lariġ (f)  [sidzra tallarint∫]
orangeade  aranċata (f)  [arant∫a:ta]
orchestra  orkestra (f)  [orkestra]
order  ordni (m)  [ordni]
order, to  ordna  [ordna]
organize  organizza  [organiddsa]
other  ieħor  [eahor]
our  tagħna  [ta:na]
out of stock  eżawrit  [ezawri:t]
outlet (electric)  awtlett (m)  [awtlett]
outside  barra  [barra]
oval  ovali  [ova:li]
oven  forn  [forn]
over there  hemmhekk  [emmekk]
overtake, to  laħaq  [lahaq]
owe, to  kellu jati  [kellu ya:ti]
owner  propjetarju (m)  [propyetaryu]
oyster  gajdra (f)  [gaydra]

# MALTESE-ENGLISH/ENGLISH-MALTESE

# P

pacifier gażaża (f) [gaza:za]
package pakkett (m) [pakkett]
page paġna (f) [padzna]
pail barmil (m) [barmi:l]
pain uġigh (m) [udzi:h]
painkiller analġesiku (m) [analdzesiku]
paint, to pitter [pitter]
paintbrush pinzell (m) [pintsell]
painter pittur (m) [pittu:r]
painting pittura (f) [pittu:ra]
pair par (m) [pa:r]
pajamas piġama (f) [pidza:ma]
palace palazz (m) [palatts]
palm palma (f) [palma]
palpitation palpitazzjoni (f) [palpitattsyo:ni]
panties panties (pl) [pantis]
pants qalziet (m) [qaltseat]
panty hose panty hose (m) [panti hows]
paper karta (f) [karta]
paperback ktieb tal-but (m) [kteap talbu:t]
parcel pakkett (m) [pakkett]
pardon? skużi? [sku:zi]
parents ġenituri (pl) [dzenitu:ri]
park park (m) [park]
park, to (i)pparkja [ipparkya]
parking parking (m) [parkink]
parliament parlament (m) [parlament]
parsley tursin (m) [tursi:n]
part parti (f) [parti]
party (celebration) parti (f) [pa:rti]
pass, to (car) qala' [qala]
passenger passiġġier (m) [passiddzear]
passport passaport (m) [passaport]
pasta għaġin (m) [a:dzin]
pastry shop tal-helu (m) [talhelu]
patch, to (clothes) raqqa' [raqqa]
path moghdija (f) [mo:diyya]
patience paċenzja (f) [pat/entsya]
patient pazjent (m) [patsyent]
pay, to hallas [hallas]
payment hlas (m) [hla:s]
pea piżella (f) [pizella]
peach hawha (f) [hawha]
peak quċċata (f) [qutt/a:ta]
peanut karawetta (f) [karawetta]
pear langasa (f) [landza:sa]
pearl ġawhra (f) [dzawra]
pedal pedala (f) [peda:la]
pen pinna (f) [pinna]
pencil lapis (m) [la:pis]
pencil sharpener temprin (m) [tempri:n]
penicillin peniċillina (f) [penit/illi:na]
penis pene (m) [pe:ne]

penknife temprin (m) [tempri:n]
people nies (pl) [neas]
pepper bżar (m) [bza:r]
percent fil-mija [filmiyya]
percentage perċentwali (f) [pert/entwa:li]
per day ghal ġurnata [a:l dzurna:ta]
per week ghal ġimgha [a:l dzima]
perfect perfett [perfett]
perform, to (i)rrapreżenta [irraprezenta]
perfume fwieha (f) [fweaha]
perhaps forsi [forsi]
per hour ghal siegha [a:l seaa]
period (menstrual) pirjid (m) [piryit]
perm permanenti (m) [permanenti]
per night ghal lejl [a:l leyl]
per person ghal persuna [a:l persu:na]
person persuna (f) [persu:na]
personal persunali [persuna:li]
personal check ċekk persunali (m) [t/ekk persuna:li]
phone book direttorju tat-telefon (m) [direttoryu tattelefon]
phone booth kabina tat-telefon (f) [kabi:na tattelefon]
phone number numru tat-telefon (m) [numru tattelefon]
photo ritratt (m) [ritratt]
photocopy fotokopja (f) [fotokopya]
photograph, to ha ritratt [ha ritratt]
photography fotografija (f) [fotografiyya]
phrase frażi (f) [fra:zi]
pick up, to (i)ppikkja [ippikkya]
pickles salmura (f) [salmu:ra]
picnic piknik (m) [piknik]
picture kwadru (m) [kwa:dru]
piece biċċa (f) [bitt/a]
pig qażquż (m) [qasqu:s]
pigeon hamiema (f) [hameama]
pill pillola (f) [pillola]
pillow mhadda (f) [mhadda]
pin labra (f) [labra]
pink roża [ro:za]
pipe pipa (f) [pi:pa]
pity hasra (f) [hasra]
pizza pizza (f) [pittsa]
pizza parlor pizzerija (f) [pittseriyya]
place post (m) [post]
place of birth post tat-twelid (m) [post tattweli:t]
plane ajruplan (m) [ayrupla:n]
plant pjanta (f) [pyanta]
plastic plastik (m) [plastik]
plastic bag borża tal-plastik (f) [borza talplastik]
plate platt (m) [platt]
play (theater) dramm (f) [dramm]

DICTIONARY AND PHRASEBOOK

play, to  laghab  [laːp]
playground  plejgrawnd (m) [pleygrawnt]
playing card  karta tal-loghob (f) [karta talloːp]
please  jekk joghġbok  [yekk yoːdzbok]
plug (electric)  plagg (m)  [plagg]
plum  ghajnbaqra (f)  [aːynbaqra]
pneumonia  pnewmonja (f) [pnewmonya]
pocket  but (m)  [buːt]
point, to  indika  [indiːka]
poison  velenu (m)  [veleːnu]
poisoning  avvelenament (m) [avvelenament]
police  pulizija (f)  [pulitsiyya]
policeman  pulizjott (m)  [pulitsyott]
police station  ghassa tal-pulizija (f) [aːssa talpulitsiyya]
polite  manjeruż  [manyeruːs]
political  politku  [politku]
politics  pulitka (f)  [puliːtka]
polluted  mniġġeż  [mniddzes]
poor  fqir  [fqiːr]
porcelain  porċellana (f) [portʃellaːna]
pork  majjal (m)  [mayyaːl]
porter  porter (m)  [porter]
portion  porzjon (f)  [portsyoːn]
possible  possibbli  [possibbli]
postage  pustaġġ (m)  [pustattʃ]
postcard  kartolina (f)  [kartoliːna]
post office  posta )f)  [posta]
potato  patata (f)  [pataːta]
pottery  ċeramika (f)  [tʃeraːmika]
poultry  tjur (pl)  [tyuːr]
pound (money)  sterlina (f) [sterliːna]
pound (weight)  libbra (f)  [libbra]
prawn  gamblu (m)  [gamblu]
preference  preferenza (f) [preferentsa]

pregnant  tqila  [tqiːla]
prepare, to  (i)pprepara  [ippreparːra]
prescribe, to (pharmacy)  mela riċetta  [mela ritʃetta]
prescription  riċetta (f)  [ritʃetta]
present (gift)  rigal (m)  [rigaːl]
pressure  pressjoni (f)  [pressyoːni]
pretty  sabiħ  [sabiːh]
price  prezz (m)  [pretts]
priest  qassis (m)  [qassiːs]
prince  prinċep (m)  [printʃep]
princess  prinċipessa (f) [printʃipessa]
prison  ħabs (m)  [haps]
private  privat  [privaːt]
probably  aktarx  [aktarʃ]
problem  problema (f)  [probleːma]
profession  professjoni (f) [professyoːni]
profit  profitt (m)  [profitt]
program  programm (m) [programm]
prohibit, to  (i)pprojbixxa [ipproybiʃʃa]
pronunciation  pronunzja (f) [pronuntsya]
Protestant  Protestant  [protestant]
proud  kburi  [kbuːri]
provide, to  (i)pprovda  [ipprovda]
public  pubbliku  [pubbliku]
public holiday  btala pubblika (f) [ptaːla pubblika]
pull, to  ġibed  [dzibet]
pullover  pullowver (m)  [pullowver]
pump  pompa (f)  [pompa]
purchase, to  xtara  [ʃtara]
pure  safi  [saːfi]
purple  vjola  [vyoːla]
purse  portmoni (m)  [portmoni]
push, to  imbotta  [imbotta]
put, to  poġġa  [poddza]
pyjamas  piġama (f)  [pidzaːma]

# Q

quality  kwalità (f)  [kwalita]
quantity  kwantità (f)  [kwantita]
quarter  kwart (m)  [kwart]
quay  moll (m)  [moll]
queen  reġina (f)  [redzi:na]
question  mistoqsija (f)
[mistoqsiyya]
queue  kju (m)  [kyu]

queue, to  qagħad fil-kju  [qa:t filkyu]
quick  rapidu  [rapidu]
quickly  malajr  [malayr]
quiet  kwiet  [kweat]
quit, to  telaq  [telaq]
quota  kwota (f)  [kwo:ta]

# R

rabbit fenek (m) [fenek]
racetrack korsa tat-tiġrijiet (f) [korsa tattidzriyeat]
racket (sports) pala (f) [pa:la]
radiator radjatur (m) [radyatu:r]
radio radju (m) [radyu]
radish ravanell (m) [ravanell]
railway ferrovija (f) [ferroviyya]
rain xita (f) [ʃita]
rain, to għamlet ix-xita [a:mlet iʃʃita]
rainbow qawsalla (f) [qawsalla]
raincoat rejnkowt (m) [reynkowt]
raisin żbiba (f) [zbi:ba]
rare (meat) rari [ra:ri]
rat ġurdien (m) [dzurdean]
rate tariffa (f) [tariffa]
rather pjuttost [pyuttost]
raw nej [ney]
razor razor (m) [reyzer]
razor blade xafra (f) [ʃafra]
read, to qara [qara]
ready lest [lest]
real veru [ve:ru]
really tassew [tasse:w]
rear wara [wara]
receipt rċevuta (f) [rtʃevu:ta]
receive, to rċieva [rtʃeava]
reception riċeviment (m) [ritʃeviment]
receiver (telephone) risiver (m) [risi:ver]
recipe riċetta (f) [ritʃetta]
recognize, to għaraf [a:raf]
recommend, to (i)rrikmanda [irrikmanda]
record (disc) disk (m) [disk]
red aħmar [ahmar]
reduction skont (m) [skont]
refund, to (i)rrimborża [irrimborza]
relax, to strieħ [streah]
regards tislijiet (pl) [tisliyeat]
registered mail posta reġistrata (f) [posta redzistra:ta]
religion reliġjon (f) [relidzyo:n]
religious reliġjuż [relidzyu:s]
remember, to ftakar [ftakar]
rent kera (f) [kera]
rent, to kera [kera]
repair tiswija (f) [tiswiyya]
repair, to sewwa [sewwa]

repeat, to (i)rrepeta [irrepe:ta]
report, to (i)rraporta [irraporta]
resemblance xebħ (m) [ʃeph]
reservation prenotazzjoni (f) [prenotattsyo:ni]
reserve, to (i)rriserva [irriserva]
responsible responsabbli [responsabbli]
rest mistrieħ (m) [mistreah]
rest, to strieħ [streah]
restaurant ristorant (m) [ristorant]
rheumatism rewmatiżmu (m) [rewmatizmu]
rib kustilja (f) [kustilya]
ribbon żagarella (f) [zagarella]
rice ross (m) [ross]
rich sinjur [sinyu:r]
ridiculous ridiklu [ridiklu]
right (side) lemin (m) [lemi:n]
right (correct) sewwa [sewwa]
right of way prijorità (f) [priyorita]
ring (on finger) ċurkett (m) [tʃurkett]
ring, to (phone) ċempel [tʃempel]
ripe misjur [misyu:r]
river xmara (f) [ʃma:ra]
road triq (f) [treaq]
roadsign sinjal (m) [sinya:l]
rock ġebla (f) [dzebla]
roof saqaf (m) [saqaf]
room kamra (f) [kamra]
rope ħabel (m) [habel]
rosary rużarju (m) [ruzaryu]
rose warda (f) [warda]
rotten mħassar [imhassar]
round tond [tont]
roundabout rawndebawt (f) [rawndebawt]
route rotta (f) [rotta]
rowboat dgħajsa bl-imqadef (f) [da:ysa blimqa:def]
rubber gomma (f) [gomma]
rude vulgari [vulga:ri]
rug tapit (m) [tapi:t]
ruin rvina (f) [rvi:na]
ruins fdalijiet (pl) [fdaliyeat]
run, to ġera [dzera]
running water ilma korrenti (m) [ilma korrenti]

# S

sad qalb sewda (f) [qalp sewda]
safe (not dangerous) mhux
perikuluż [mu:/ perikulu:s]
safe sejf (m) [seyf]
safety pin labra tal-molla (f) [labra
talmolla]
saffron żafran (m) [zafra:n]
sage (herb) salvja (f) [salvya]
sailboat dgħajsa tal-qlugħ (f)
[da:ysa talqlu:h]
salad insalata (f) [insala:ta]
sale bejgħ (m) [beyh]
salmon salamun (m) [salamu:n]
salt melħ (m) [melh]
salty mielaħ [mealah]
same l-istess [listess]
sand ramel (m) [ramel]
sandal sandli (m) [sandli]
sandwich sandwiċ (m) [sandwit/]
sanitary napkin tampun (m)
[tampu:n]
sardine sardina (f) [sardi:na]
Saturday Sibt (m) [sipt]
sauce zalza (f) [tsaltsa]
saucepan taġen (m) [ta:dzen]
saucer plattin (m) [platti:n]
sausage zalzett (m) [tsaltsett]
scallop moxt (m) [mo/t]
scarf xalpa (f) [/alpa]
science xjenza (f) [/yentsa]
scissors mqass (m) [mqass]
Scotland Skozja (f) [skotsya]
Scottish Skoċċiż (m) [skott/i:s]
scrambled eggs bajd imħawwad (pl)
[bayt imħawwat]
scream, to werżaq [werzaq]
screw vit (m) [vi:t]
screwdriver tornavit (m) [tornavi:t]
sculptor skultur (m) [skultu:r]
sculpture skultura (f) [skultu:ra]
sea baħar (m) [bahar]
seafood frott tal-baħar (m) [frott
talbahar]
season staġun (m) [stadzu:n]
seasoning ħwar (m.) [hwa:r]
seat post (m) [post]
seatbelt sitbelt (f) [si:tbelt]
seaweed alka (f) [alka]
second tieni [teani]
secondhand sekonda man
[sekonda ma:n]
secret sigriet (m) [sigreat]
secretary segretarja (f) [segretarya]
see, to ra [ra]
sell, to biegħ [beah]
send, to bagħat [ba:t]
sensible sensibbli [sensibbli]
sensitive sensittiv [sensitti:f]
separate separat [separa:t]

September Settembru (m)
[settembru]
serious serju [seryu]
service servizz (m) [servitts]
several diversi [diversi]
sew, to ħit [thi:t]
sex sess (m) [sess]
sexy seksi [seksi]
shade dell (m) [dell]
shampoo xampu (m) [/ampu]
share, to qasam [qasam]
shark kelb il-baħar (m) [kelp
ilbahar]
shave, to qaxxar il-leħja [qa//ar
illehya]
she hija (f) [iyya]
sheep nagħġa (f) [na:dza]
sheet (bed) liżar (m) [liza:r]
shelf xkaffa (f) [/kaffa]
shell qoxra (f) [qo/ra]
ship vapur (m) [vapu:r]
shirt qmis (f) [qmi:s]
shock xokk (m) [/okk]
shocking jixxukkjak [yi//ukkya:k]
shoe żarbun (m) [zarbu:n]
shoemaker skarpan (m) [skarpa:n]
shoelace lazz taż-żarbun (m) [latts
tazzarbu:n]
shoe polish lostru taż-żraben (m)
[lostru tazzra:ben]
shop ħanut (m) [hanu:t]
shopping xiri [/iri]
shore xatt (m) [/att]
short qasir [qasi:r]
shorts xorz (m) [/orts]
shoulder spalla (f) [spalla]
shout, to għajjat [a:yyat]
show spettaklu (m) [spettaklu]
show, to wera [wera]
shower xawer (m) [/awer]
shy mistħi [misthi]
shrimp gamblu (m) [gamblu]
shut msakkar [msakka:r]
shut, to sakkar [sakkar]
sick marid [mari:t]
sickness marda (f) [marda]
side naħa (f) [naha]
sideburns barbetti (pl) [barbetti]
sightseeing ġita turistika (f) [dzi:ta
turistika]
sign sinjal (m) [sinya:l]
sign, to (i)ffirma [iffirma]
signature firma (f) [firma]
silk ħarir (m) [hari:r]
silver fidda (f) [fidda]
simple sempliċi [semplit/i]
since mindu [mindu]
sing, to kanta [kanta]
single (unmarried) mhux
miżżewweġ (m) [mu:/ mizzewwet/]

single wieħed [weahet]
single room kamra singola (f) [kamra singola]
sister oħt (f) [oht]
sit down, to qagħad bil-qegħda [qa:t bilqe:da]
six sitta [sitta]
sixteen sittax [sitta:ʃ]
sixth is-sitta [issitta]
sixty sittin [sitti:n]
size daqs (m) [daqs]
ski, to skija [skiyya]
skin ġilda (f) [dzilda]
skirt dublett (m) [dublett]
sky sema (m) [sema]
sleep, to raqad [raqat]
sleeping pill sonniferu (m) [sonni:feru]
sleeve komma (f) [komma]
slice qatgħa (f) [qata]
slide (photo) dijapożittiva (f) [diyapozitti:va]
slip slip (f) [slip]
slippers slippers (pl) [slippers]
slippery jiżloq [yizloq]
slow artab [artap]
slowly bil-mod [bilmo:t]
small ċkejken [tʃkeyken]
smoke, to pejjep [peyyep]
snack snakk (m) [snakk]
snail bebbuxu (m) [bebbu:ʃu]
snake serp (m) [serp]
sneeze, to għatas [a:tas]
snore, to naħar [nahar]
snow borra (f) [borra]
soap sapuna (f) [sapu:na]
soccer futbol (m) [futbol]
society soċjetà (f) [sotʃyeta]
sock kalzetta (f) [kaltsetta]
soft artab [artap]
sold out (theater) eżawrit [ezawri:t]
sole pett (m) [pett]
some xi [ʃi]
someone xi ħadd (m) [ʃi hatt]
something xi ħaġa (f) [ʃi ha:dza]
son iben (m) [iben]
song kanzunetta (f) [kantsunetta]
soon malajr [malayr]
sore juġgħa [yu:dza]
sorry, (I'm) jiddispjaċini [yiddispyatʃi:ni]
soup soppa (f) [soppa]
south nofs inhar (m) [nofs ina:r]
souvenir rikordju (m) [rikordyu]
spade mgħażqa (f) [ma:sqa]
Spain Spanja (f) [spanya]
Spanish Spanjol (m) [spanyo:l]
spare tire sper tayer (m) [spe:r tayer]
speak, to tkellem [tkellem]
specialist speċjalista (m, f) [spetʃyalista]
specimen kampjun (m) [kampyu:n]
spell, to spella [spella]

spend, to nefaq [nefaq]
spinach spinaċi (m) [spina:tʃi]
spine sinsla (f) [sinsla]
spoon mgħarfa (f) [ma:rfa]
sport sport (m) [sport]
sprain, to fekkek [fekkek]
spring (season) rebbiegħa (f) [rebbeaa]
square pjazza (f) [pyattsa]
squid kalamar (m) [kalama:r]
stadium stadju (m) [stadyu]
staff persunal (m) [persuna:l]
stain tebgħa (f) [teba]
stamp (postage) bolla (f) [bolla]
star kewkba (f) [kewkba]
start, to beda [beda]
stationer stejxiner (m) [steyʃiner]
statue statwa (f) [statwa]
stay soġġorn (m) [soddzorn]
stay, to qagħad [qa:t]
steak stejk (m) [steyk]
steamed fuq il-fwar [fu:q ilfwa:r]
still ħiemed [heamet]
sting nigża (f) [nigza]
sting, to niggeż [nigges]
steal, to seraq [seraq]
stitch, to ħiet [heat]
stock exchange borża (f) [borza]
stocking kalzetta (f) [kaltsetta]
stomach stonku (m) [stonku]
stomachache uġigħ fl-istonku (m) [udzi:h flistonku]
stone ġebla (f) [dzebla]
storm tempesta (f) [tempesta]
stop (bus) stejġ (m) [steytʃ]
stop! ieqaf! [eaqaf]
stop, to waqaf [waqaf]
store ħanut (m) [ħanu:t]
straight dritt [dritt]
strange stramb [stramp]
strawberry frawla (f) [fra:wla]
street triq (f) [treaq]
strike strajk (m) [strayk]
string spaga (f) [spa:ga]
strong qawwi [qawwi]
student student (m) [student]
stuffed mimli [mimli]
suede kamoxxa (f) [kamoʃʃa]
sugar żokkor (m) [tsokkor]
suit libsa (f) [lipsa]
suitcase valiġġa (f) [validdza]
summer sajf (m) [sayf]
sun xemx (f) [ʃemʃ]
sunburn ħarqa tax-xemx (f) [ħarqa taʃʃemʃ]
Sunday il-Ħadd (m) [ilħatt]
sunglasses nuċċali tax-xemx (m) [nuttʃa:li taʃʃemʃ]
sunshade ombrellun (m) [ombrellu:n]
sunstroke xemxata (f) [ʃemʃa:ta]
supermarket supermarkit (m) [supermarkit]

## MALTESE-ENGLISH/ENGLISH-MALTESE

suppository  suppożitorju (m)
[suppozitoryu]
surfboard  serfbord (m)  [serfbort]
surgery  kirurġija (f)  [kirurdziyya]
surname  kunjom (m)  [kunyo:m]
swallow, to  bela'  [bela]
sweater  sweter (m)  [sweter]
sweet  ħelu  [helu]
swim, to  għam  [a:m]
swimming  għawm  [a:wm]

swimming pool  pixxina (f)  [piʃʃi:na]
Swiss  Żvizzeru (m)  [svittseru]
switch  swiċċ (m)  [swittʃ]
switch, on  xegħel  [ʃe:l]
Switzerland  Żvizzera (f)  [svittsera]
swollen  minfuġħ  [minfu:h]
swordfish  pixxispad (m)  [piʃʃispa:t]
synthetic  sintetiku  [sintetiku]
system  sistema (f)  [siste:ma]

# DICTIONARY AND PHRASEBOOK

## T

table mejda (f) [meyda]
tablet pillola (f) [pillola]
tailor ħajjat (m) [ħayya:t]
take, to ħa [ħa]
tampon tampun (m) [tampu:n]
tangerine mandolina (f) [mandoli:na]
tape recorder tejp rikorder (m) [teyp rikorder]
tax taxxa (f) [taʃʃa]
taxi taksi (m) [taksi]
tea te (m) [te]
tear, to ċarrat [tʃarrat]
teaspoon kuċċarina (f) [kuttʃari:na]
telegram telegramm (m) [telegramm]
telephone telefon (m) [telefo:n]
telephone, to ċempel [tʃempel]
telephone booth kabina tat-telefon (f) [kabi:na tattelefo:n]
telephone call telefonata (f) [telefona:ta]
telephone directory direttorju tat-telefon (m) [direttoryu tattelefo:n]
telephone number numru tat-telefon (m) [numru tattelefo:n]
television televixin (m) [televi:ʃin]
telex teleks (m) [teleks]
telex, to bagħat teleks [ba:t teleks]
tell, to qal [qa:l]
temperature temperatura (f) [temperatu:ra]
temporary proviżorju [provizoryu]
ten għaxra [a:ʃra]
tennis tennis (m) [tennis]
tent tinda (f) [tinda]
tenth l-għaxar [la:ʃar]
terrace terrazza (f) [terrattsa]
terrifying tal-biża' [talbiza]
tetanus tetanu (m) [tetanu]
thank you grazzi [grattsi]
that dak [da:k]
the il [il]
theater teatru (m) [teatru]
their tagħhom [ta:ħhom]
then mbagħad [mba:t]
there hemm [emm]
thermometer termometru (m) [termometru]
these dawn [dawn]
they huma [u:ma]
thief ħalliel (m) [ħalleal]
thin rqiq [rqeaq]
think, to ħaseb [ħasep]
third it-tielet [ittealet]
thirsty bil-għatx [bila:ttʃ]
thirteen tlettax [tletta:ʃ]
thirty tletin [tleti:n]
this dan [da:n]
those dawk [dawk]

thousand elf [elf]
thread ħajta (f) [ħayta]
three tlieta [tleata]
throat gerżuma (f) [gerzu:ma]
thunder ragħda (f) [ra:da]
thunderstorm maltempata (f) [maltempa:ta]
Thursday il-Ħamis (m) [ilhami:s]
thyme timu (m) [ti:mu]
ticket biljett (m) [bilyett]
ticket office uffiċċju tal-biljetti (m) [uffittʃyu talbilyetti]
tie ngravata (f) [ngrava:ta]
tight (clothes) dejjaq [deyyaq]
time (clock) ħin (m) [hi:n]
time (occasion) darba (f) [darba]
timetable orarju (m) [oraryu]
tinfoil fojl (m) [foyl]
tint sfumatura (f) [sfumatu:ra]
tip (money) tipp (f) [tipp]
tire tajer (m) [tayer]
tired għajjien [a:yyean]
tissue tixxju (m) [tiʃʃyu]
toast towst (m) [towst]
tobacco tabakk (m) [tabakk]
today illum [illu:m]
toe saba' tas-sieq (m) [saba tasseaq]
toilet paper tojlit peyper (m) [toylit peype:r]
toilet tojlit (m) [toylit]
tomato tadama (f) [tada:ma]
tomato juice sugu tad-tadam (m) [su:gu tadtada:m]
tomb qabar (m) [qabar]
tomorrow għada (m) [a:da]
tongue lsien (m) [lsean]
tonight il-lejla [illeyla]
tonsil tonsilla (f) [tonsilla]
too (also) anki [anki]
tooth sinna (f) [sinna]
toothache uġigħ tas-snien (m) [udzi:ħ tassnean]
toothbrush xkupilja tas-snien (f) [ʃkupilya tassnean]
toothpaste toothpaste (m) [tutpeyst]
top quċċata (f) [quttʃa:ta]
torn mċarrat [mtʃarrat]
touch, to miss [miss]
tough iebes [eabes]
tourist office uffiċċju tat-turiżmu (m) [uffittʃyu tatturizmu]
towards lejn [leyn]
towel xugaman (m) [ʃugama:n]
town belt (f) [belt]
toy ġugarell (m) [dzugarell]
traffic traffiku (m) [traffiku]
traffic light semaforu (m) [semaforu]

- 83 -

train  tren (m)  [tre:n]
tranquilizer  kalmant (m)  [kalmant]
transfer (bank)  trasferiment (m)
[trasferiment]
transformer  transformer (m)
[transformer]
translate, to  (i)ttraduċa  [ittradu:t/a]
transport  trasport (m)  [trasport]
travel, to  vjaġġa  [vyaddza]
travel agency  aġenzija tal-vjaġġi (f)
[adzentsiyya talvyaddzi]
travel guide  gwida tal-vjaġġ (m, f)
[gwi:da talvyatt/]
traveller's check  traviler ċekk (m)
[traviler t/ekk]
treatment  kura (f)  [ku:ra]
tree  siġra (f)  [sidzra]
tremendous  fantastiku  [fantastiku]
trim, to  (i)ttrimmja  [ittrimmya]

trip  vjaġġ (m)  [vyatt/]
tripe  kirxa (f)  [kir/a]
trousers  qalziet (m)  [qaltseat]
trout  trota (f)  [tro:ta]
try, to  (i)pprova  [ippro:va]
T-shirt  tixert (m)  [ti/ert]
Tuesday  it-Tlieta (m)  [ittleata]
tumor  tumur (m)  [tumu:r]
tuna  tonn (m)  [tonn]
tunnel  mina (f)  [mi:na]
turkey  dundjan (m)  [dundya:n]
turn, to  dar  [da:r]
turquoise  turkin  [turki:n]
twelve  tnax  [tna:/]
twenty  għoxrin  [o:/ri:n]
twice  darbtejn  [darpteyn]
two  tnejn  [tneyn]
typewriter  tajprajter (f)  [tayprayter]

# U

ugly ikrah [ikrah]
ugliness kruha (f) [kru:wa]
ulcer ulċera (f) [ult/era]
umbrella umbrella (f) [umbrella]
uncle ziju (m) [tsiyyu]
unconscious barra minn sensih
[barra minn sensi:h]
under taħt [taht]
underpants qalziet ta' taħt (m)
[qaltzeat ta taht]
understand, to fehem [fe:m]
undress, to neża' [neza]
United States Stati Uniti [sta:ti
uni:ti]
unfit mhux adatt [mu:∫ adatt]
unfortunately sfortunament
[sfortunament]
university università (f) [universita]

unpaid mhux imħallas [mu:∫
imħallas]
unreasonable mhux raġonevoli
[mu:∫ radzonevoli]
until sakemm [sakemm]
up fuq [fu:q]
upset stomach stonku mqalleb (m)
[stonku imqallep]
upstairs fuq [fu:q]
urgent urġenti [urdzenti]
urine awrina (f) [awri:na]
use użu (m) [u:zu]
use, to uża [u:za]
useful utli [u:tli]
usual tas-soltu [tassoltu]

# V

vacancy  kamra libera (f)  [kamra libera]
vacant  liberu  [liberu]
vacation  vaganzi (pl)  [vagantsi]
vaccinate, to  laqqam  [laqqam]
vaginal  vaġinali  [vadzina:li]
valid  validu  [va:lidu]
valise  valiġġa (f)  [validdza]
valley  wied (m)  [weat]
value  valur (m)  [valu:r]
veal  vitella (f)  [vitella]
vegetable  ħaxix (m)  [haʃi:ʃ]
vegetarian  veġetarjan  [vedzetarya:n]
vein  vina (f)  [vi:na]
velvet  bellus (m)  [bellu:s]

venereal disease  marda venerea (f)  [marda vene:rea]
vermouth  vermut (m)  [vermu:t]
video cassette  video kassett (m)  [video kassett]
view  veduta (f)  [vedu:ta]
village  raħal (m)  [rahal]
vinegar  ħall (m)  [hall]
vineyard  vinja (f)  [vinya]
visit, to  żar  [za:r]
visiting hours  parlatorju (m)  [parlatoryu]
vitamin pill  vitamina (f)  [vitami:na]
voltage  vultaġġ (m)  [vultattʃ]
vomit, to  (i)rrimetta  [irrimetta]
vote, to  (i)vvota  [ivvo:ta]

# W

wages  paga (f)  [pa:ga]
waistcoat  sidrija (f)  [sidriyya]
wait, to  stenna  [stenna]
waiter  wejter (m)  [weyter]
waiting room  waiting room (f)
[weytink ru:m]
waitress  wejtress (f)  [weytress]
wake, to  qam  [qa:m]
walk, to  mexa  [me/a]
wall  hajt (m)  [hayt]
wallet  portafoll (m)  [portafoll]
walnut  ġewża (f)  [dzewza]
want, to  ried  [read]
warm  shun  [shu:n]
warmth  shana (f)  [sha:na]
wash, to  hasel  [hasel]
waste, to  hela  [hela]
watch  arloġġ (m)  [arlott/]
watchmaker  arloġġier (m)
[arloddzear]
water  ilma (m)  [ilma]
watermelon  dulliegha (f)  [dulleaa]
water ski  ski tal-bahar (m)  [ski
talbahar]
wave  mewġa (f)  [mewdza]
way  triq (f)  [treaq]
we  ahna  [ahna]
wear, to  libes  [libes]
weather  temp (m)  [temp]
weather forecast  previżjoni tat-temp
(f)  [previzyo:ni tattemp]
wedding ring  ċurkett taż-żwieġ (m)
[t/urkett tazzweat/]
Wednesday  l-Erbgha (m)  [le:rba]
week  ġimgha (f)  [dzima]
weekend  weekend (m)  [wikent]
weigh, to  wiżen  [wizen]
weight  piż (m)  [pi:s]
well  bir (m)  [bi:r]
well (healthy)  tajjeb  [tayyep]
well-done (meat)  misjur sewwa
[misyu:r sewwa]
well done!  bravu!  [bra:vu]

west  punent (m)  [punent]
wet  miblul  [miblu:l]
wheel  rota (f)  [ro:ta]
when  meta  [meta]
where  fejn  [feyn]
which  liema  [lima]
whisky  wiski (m)  [wiski]
white  abjad  [abyat]
who  min  [mi:n]
why  ghaliex  [a:lea/]
wide  wiesa'  [weasa]
wife  mara (f)  [mara]
wind  rih (m)  [reah]
window  tieqa (f)  [teaqa]
windshield  windskrin  [wintskri:n]
wine  nbid (m)  [mbi:t]
wine list  lista tal-inbid (f)  [lista
talimbi:t]
winter  xitwa (f)  [/itwa]
wish  xewqa (f)  [/ewqa]
wish, to  xtaq  [/ta:q]
with  ma'  [ma]
withdraw, to (bank)  rtira  [rti:ra]
without  minghajr  [minayr]
woman  mara (f)  [mara]
wonderful  meraviljuż  [meravilyu:s]
wood  injama (f)  [inya:ma]
woodwork  xoghol tal-injam (m)  [/o:l
talinya:m]
wool  suf (m)  [su:f]
word  kelma (f)  [kelma]
work  xoghol (m)  [/o:l]
work, to  hadem  [hadem]
worry, to  inkwieta  [inkweata]
worse  aghar  [a:r]
wound  ferita (f)  [feri:ta]
wrinkle resistant  ma jitkemmixx
[ma yitkemmi/ʃ]
write, to  kiteb  [kitep]
writing  kitba (f)  [kitba]
wrong  hażin  [hazi:n]

# X

X-rays  eksrejs (pl)  [eksreys]

# Y

yacht  jott (m)  [yott]
yard  bitha (f)  [bitha]
yard (measure)  jarda (f)  [yarda]
yawn, to  (i)ttewweb  [ittewwep]
year  sena (f)  [sena]
yellow  isfar  [isfar]
yes  iva  [iːva]
yesterday  il-bieraħ  [ilbearah]

yet  għad  [aːt]
yogurt  jogurt (m)  [yogurt]
you  inti  [inti]
young  żagħżugħ  [zazuːh]
your  tiegħek  [teaeːk]
youth  żgħożija (f)  [zoːziyya]

# Z

zeal    żelu (m)    [ze:lu]
zero    xejn (m)    [/eyn]
zest    żist (m)    [zist]
zipper    żipper (m)    [zipper]

zoo    żu (m)    [zu]
zoology    żooloġija (f)    [zoolodziyya]

# MALTESE

# PHRASEBOOK

# DICTIONARY AND PHRASEBOOK

| ENGLISH EXPRESSION | MALTESE TRANSLATION | PHONETIC TRANSCRIPTION |
|---|---|---|

*(f) feminine; (m) masculine; (s) singular; (pl) plural*

## 1. EVERYDAY EXPRESSIONS

| | | |
|---|---|---|
| Yes. | Iva. | [i:va] |
| No. | Le. | [le] |
| Please. | Jekk jogħġbok. | [yekk yo:dzbok] |
| Thank you. | Grazzi. | [grattsi] |
| Thank you very much. | Grazzi ħafna. | [ grattsi hafna] |
| You're welcome. | M'hemmx imn'hiex. | [mem/ imnea/] |

### GREETINGS

| | | |
|---|---|---|
| Good morning. | Bonġu. | [bondzu] |
| Good afternoon. | Bonġu. | [bondzu] |
| Good evening. | Bonswa. | [bonswa] |
| Good night. | Il-lejl it-tajjeb. | [illeyl ittayyep] |
| Good-bye. | Saħħa. | [sahha] |
| So long! | Ċaw. | [t/a:w] |
| See you later. | Narak iktar tard. | [narak iktar tart] |
| This is Mr. Mrs. Miss... | Dan is-Sinjur. Din is-Sinjura. Din il-Miss. | [da:n issinyu:r] [di:n issinyu:ra] [di:n ilmiss] |
| Pleased to meet you. | Għandi pjaċir. | [a:ndi pyat/i:r] |
| How are you? | Kif inti? | [ki:f inti] |
| Very well, thanks. | Tajjeb (m) / Tajba (f) ħafna. Grazzi. | [tayyep tayba hafna grattsi] |
| And you? | U inti? | [u inti] |
| Fine. | Tajjeb (m) / Tajba (f). | [tayyeb tayba] |
| I beg your pardon? | Skużi? | [sku:zi] |
| Excuse me. | Skużani. | [skuza:ni] |
| Sorry! | Jiddispjaċini! | [yiddispyat/i:ni] |

- 93 -

# MALTESE-ENGLISH/ENGLISH-MALTESE

## QUESTIONS

| Where? | Fejn? | [feyn] |
|---|---|---|
| How? | Kif? | [ki:f] |
| When? | Meta? | [meta] |
| What? | X'hini? X'inhu? | [ʃini ʃinu] |
| Why? | Għaliex? | [a:leaʃ] |
| Who? | Min? | [mi:n] |
| Which? | Liema? | [lima] |
| Where is...? | Fejn hu...? | [feyn u] |
| Where are...? | Fejn huma...? | [feyn u:ma] |
| Where can I find...? | Fejn nista' nsib...? | [feyn nista nsi:p] |
| How far is...? | Kemm hu (m) Kemm hija (f) boghod...? | [kemm u kemm iyya bo:t] |
| How long...? | Kemm iddum...? | [kemm iddu:m] |
| How much / many? | Kemm? | [kemm] |
| A little / a lot. | Ftit / hafna. | [fti:t hafna] |
| More / less. | Iktar / inqas. | [iktar inqas] |
| Enough / not enough. | Biżżejjed / mhux biżżejjed | [bizzeyyet mu:ʃ bizzeyyet] |
| How much does this cost? | Kemm iqum dan (m)? Kemm tqum din (f)? | [kemm iqu:m da:n kemm tqu:m di:n] |
| When does... open / close? | Meta... jiftah / jagħlaq (m)? Meta... tiftah / tagħlaq (f)? | [meta yiftah ya:laq meta tiftah ta:laq] |
| What do you call this / that in Maltese? | Kif tgħid dan / dak (m) din / dik (f) bil-Malti? | [kif te:yt da:n da:k di:n di:k bilmalti] |
| What does this / that mean? | Xi jfisser dan / dak (m)? Xi tfisser din / dik (f)? | [ʃi yfisser da:n da:k ʃi tfisser di:n di:k] |
| Do you speak English? | Titkellem bl-Ingliż? | [titkellem blingli:s] |
| Is there anyone here who speaks English? | Hawn xi hadd li jitkellem bl-Ingliż? | [a:wn ʃi hatt li yitkellem blingli:s] |
| I don't speak (much) in Maltese. | Ma nitkellimx (tajjeb) bil-Malti. | [ma nitkellimʃ tayyep bilmalti] |
| Please bear with me. | Jekk jogħġbok hu paċenzja bijja. | [yekk yo:dzbok hu patʃentsya biyya] |
| Could you speak more slowly? | Tista' titkellem iktar bil-mod? | [tista titkellem iktar bilmo:t] |

- 94 -

| Could you repeat that? | Tista' tirrepeti dak? | [tista tirrepe:ti da:k] |
|---|---|---|
| Could you spell the word? | Tista' tispelli l-kelma? | [tista tispelli lkelma] |
| Please write the word down. | Jekk jogħġbok ikteb il-kelma. | [yekk yo:dzbok ikteb ilkelma] |
| Can you translate this for me? | Tista' tittraduċili dan? | [tista tittradut/i:li da:n] |
| Please show me the word / phrase / sentence in the book. | Jekk jogħġbok urini fil-ktieb il-kelma / il-frażi / is-sentenza. | [yekk yo:dzbok uri:ni filkteap ilkelma il fra:zi issententsa] |
| Just a minute, I'll see if I can find it in this book. | Mument. Ħalli nara nistax insibha f'dan il-ktieb. | [mument halli na:ra nista:/ insi:ba fda:n ilkteap] |
| I understand. | Nifhem. | [nifem] |
| I don't understand. | Ma nifhimx. | [ma nifi:m/] |
| Do you understand? | Qed tifhem? | [qet tifem] |
| Can you show me? | Tista' turini? | [tista turi:ni] |
| Can you help me? | Tista' tgħinni? | [tista te:yni] |
| I can't. | Ma nistax. | [ma nista:/] |
| Can I help you? | Nista' ngħinik? | [nista ne:ynek] |
| Can you direct me to...? | Tista' tgħidli kif immur...? | [tista te:ydli ki:f immu:r] |

WANTING

| I'd like... | Nixtieq... | [ni/teaq] |
|---|---|---|
| We'd like.. | Nixtiequ... | [ni/teaqu] |
| What do you want? | Xi trid? | [/i tri:t] |
| I want... She wants... He wants... We want... They want... | Irrid... Trid... Irid... Irridu... Iridu... | [irri:t] [tri:t iri:t] [irri:du iri:du] |
| Show me / us... | Urini / Urina... | [uri:ni uri:na] |
| Give me / us... | Agħtini / Agħtina... | [a:ti:ni a:ti:na] |
| Give it to me. | Agħtihieli... | [a:tieali] |
| Give it to us. | Agħtihielna... | [a:tiealna] |
| Bring me / us... | Ġibli / Ġibilna... | [dzibli dzibilna] |
| Bring this with you. | Ġib dan miegħek. | [dzi:p da:n meae:k] |
| I'm looking for... | Qed infittex... | [qet infitte/] |
| I'm lost... | Intlift... | [intlift] |

# MALTESE-ENGLISH/ENGLISH-MALTESE

| | | |
|---|---|---|
| I'm hungry. | Għandi l-ġuħ. | [a:ndi ldzu:h] |
| I'm thirsty. | Għandi l-għatx. | [a:ndi latt/] |
| I'm dead tired. | Għajjien (m) mejjet. | [a:yyean meyyet] |
| | Għajjiena (f) mejta. | [a:yyeana meyta] |
| It's urgent. | Urġenti. | [urdzenti] |
| Hurry up! | Għaġġel! | [a:ddzel] |
| Call this number for me please. | Jekk jogħġbok, ċempilli dan-numru. | [yekk yo:dzbok t/empilli dannumru] |
| Where is the police station? | Fejn hi l-għassa tal-pulizija? | [feyn i la:ssa talpulitsiyya] |
| I want to report a theft. | Irrid nirraporta serqa. | [irri:t nirraporta serqa] |
| My... has been stolen. | Serquli... | [serqu:li] |
| car | l-karozza | [lkarottsa] |
| camera | l-magna tar-ritratti | [lmagna tarritratti] |
| laptop | l-laptop | [llaptop] |
| suitcase | l-valiġġa | [lvaliddza] |
| I've lost my... | Tlift... | [tlift] |
| passport | il-passaport | [ilpassaport] |
| handbag | il-borża | [ilborza] |
| wallet | il-portafoll | [ilportafoll] |
| It is / it's... | Hi... (f), Hu... (m) | [i u |
| They are... | Huma... (f)(m) | u:ma] |
| It isn't... | M'hix... (f), M'hux... (m) | [mi:/ mu:/] |
| Here it is. | Hawn hi. (f), | [a:wn i] |
| | Hawn hu. (m) | [a:wn u] |
| Here they are. | Hawn huma. | [a:wn u:ma] |
| There it is. | Hemm hi. (f) | [emm i] |
| | Hemm hu. (m) | [emm u] |
| There they are. | Hemm huma. | [emm u:ma] |
| There is / There are... | Hemm... | [emm] |
| There isn't / aren't... | M'hemmx... | [memm/] |

## DESCRIBING

| | | |
|---|---|---|
| Above / below | Fuq / taħt | [fu:q taht] |
| Always / never | Dejjem / qatt | [deyyem qatt] |
| And / or | U / jew | [u yew] |
| Around / across | Madwar / minnofs | [madwa:r minnofs] |
| Beautiful / ugly | Sabiħ / ikrah (m) | [sabi:h ikrah] |
| | Sabiħa / kerha (f) | [sabi:ha kera] |
| Before / during / after | Qabel / waqt / wara | [qabel waqt wara] |

- 96 -

# DICTIONARY AND PHRASEBOOK

| Behind / in front | Wara / quddiem | [wara quddeam] |
|---|---|---|
| Better / worse | Aħjar / agħar | [ahya:r a:r] |
| Between / next to | Bejn / maġenb | [beyn madzemp] |
| Big / small | Kbir / żgħir (m)<br>Kbira / żgħira (f) | [gbi:r ze:yr]<br>[gbi:ra ze:yra] |
| Cheap / expensive | Rħis / għoli (m)<br>Rħisa / għolja (f) | [rhi:s o:li]<br>[rhi:sa o:lya] |
| Early / late | Kmieni / tard | [kmeani tart] |
| Easy / difficult | Faċli / diffiċli (m, f) | [fa:t/li diffi:t/li] |
| First / second / third | L-ewwel / it-tieni / it-tielet | [lewwel itteani ittealet] |
| Free / occupied | Liberu / okkupat (m)<br>Libera / okkupata (f) | [liberu okkupa:t]<br>[libera okkupa:ta] |
| From / with | Minn / ma' | [minn ma] |
| Full / empty | Mimli / vojt (m)<br>Mimlija / vojta (f) | [mimli voyt]<br>[mimliyya voyta] |
| Good / bad | Tajjeb / ħażin (m)<br>Tajba / ħażina (f) | [tayyep hazi:n]<br>[tayba hazi:na] |
| Heavy / light | Tqil / ħafif (m)<br>Tqila / ħafifa (f) | [tqi:l hafi:f]<br>[tqi:la hafi:fa] |
| Hot / cold | Sħun / kiesaħ (m)<br>Sħuna / kiesħa (f) | [shu:n keasah]<br>[shu:na keasha] |
| Last | L-aħħar | [lahhar] |
| Near / far | Viċin / il-bogħod | [vit/i:n ilbo:t] |
| Now / then | Issa / mbagħad | [issa mba:t] |
| Old / new | Antik / ġdid (m)<br>Antika / ġdida (f) | [anti:k dzdi:t]<br>[anti:ka dzdi:da] |
| Old / young | Xiħ / żagħżugħ (m)<br>Xiħa / żagħżugħa (f) | [/eah za:zu:h]<br>[/i:ha za:zu:a] |
| On / in / towards | Fuq / ġo / lejn | [fu:q dzo leyn] |
| Open / closed | Miftuħ / magħluq (m)<br>Miftuħa / magħluqa (f) | [miftu:h ma:lu:q]<br>[miftu:ha ma:lu:qa] |
| Outside / inside | Barra / ġewwa | [barra dzewwa] |
| Perhaps / surely | Forsi / żgur | [forsi sgu:r] |
| Right / left | Lemin / xellug | [lemi:n /ellu:k] |
| Since / until | Mindu / sakemm | [mindu sakemm] |
| Something / nothing | Xi ħaġa / xejn | [/i ha:dza /eyn] |

| Soon / no rush | Malajr / m'hemmx għaġla | [malayr memm∫ a:dzla] |
| Upstairs / downstairs | Fuq / isfel | [fu:q isfel] |
| Without / with | Mingħajr / bi | [mina:yr bi] |

## TO BE... TO HAVE...

| I / you / he / she | Jien / int / hu / hi | [yean int u i] |
| We / you / they... | Aħna / intom / huma | [ahna intom u:ma] |

| I am / I am not | Jien / m'iniex | [yean minea∫] |
| You are / you are not | Int / m'intix | [int minti:∫] |
| He is / he is not | Hu / m'hux | [u mu:∫] |
| She is / she is not | Hi / m'hix | [i mi:∫] |

| We are / we are not | Aħna / m'aħniex | [ahna mahnea∫] |
| You are / you are not | Intom / m'intomx | [intom mintom∫] |
| They are / they are not | Huma / m'humiex | [u:ma mumea∫] |

| I have / I have not | Għandi / m'għandix | [a:ndi] [ma:ndi:∫] |
| You have / you have not | Għandek / m'għandikx | [a:ndek] [ma:ndik∫] |
| He has / he has not | Għandu / m'għandux | [a:ndu] [ma:ndu:∫] |
| She has / she has not | Għandha / m'għandhiex | [a:nda] [ma:ndea∫] |
| We have / we have not | Għandna / m'għandniex | [a:nna] [ma:nnea∫] |
| You have / you have not | Għandkom / m'għandkomx | [a:ndkom] [ma:ndkom∫] |
| They have / they have not | Għandhom / m'għandhomx | [a:ndom] [ma:ndom∫] |

## MONTHS & DAYS

| Season / seasons: spring, summer, autumn, winter. | Staġun / staġuni: ir-rebbiegħa, is-sajf, il-ħarifa, ix-xitwa. | [stadzu:n stadzu:ni] [irrebbeaa issayf] [ilhari:fa i∫∫itwa] |

| Month, months of the year: January, February, March, April, May, June, July, August, September, October, November, December. | Xahar, xhur tas-sena: Jannar, Frar Marzu, April Mejju, Ġunju, Lulju, Awwissu, Settembru, Ottubru, Novembru, Diċembru. | [∫a:r] [∫u:r tassena] [yanna:r fra:r] [martsu apri:l] [meyyu dzunyu] [lulyu awwissu] [settembru ottubru] [novembru dit∫embru] |

| In May. | F'Mejju. | [fmeyyu] |
| Since August. | Minn Awwissu. | [minn awwissu] |
| The end of the month. | L-aħħar tax-xahar. | [lahhar ta∫∫a:r] |

| What's the date today? | X'inhi d-data tal-lum? | [∫ini dda:ta tallu:m] |
| It's July 1st. | Hu l-ewwel ta' Lulju. | [u lewwel ta lulyu] |

| Day, days of the week: Monday, Tuesday, Wednesday, Thursday, | Ġurnata, ġranet tal-ġimgħa: it-Tnejn, it-Tlieta, l-Erbgħa, il-Ħamis, | [dzurna:ta] [dzra:net taldzima] [ittneyn ittleata] [lerba ilhami:s] |

| | | |
|---|---|---|
| Friday, Saturday, Sunday. | il-Ġimgħa, is-Sibt, Il-Ħadd. | [ildzima issibt] [ilhatt] |
| On a Sunday | Nhar ta' Ħadd | [na:r ta hatt] |
| On a Saturday | Nhar ta' Sibt | [na:r ta sibt] |
| On Thursday | Nhar il-Ħamis | [na:r ilhami:s] |
| On Monday | Nhar it-Tnejn | [na:r ittneyn] |
| Saturdays | Is-Sibtijiet | [issibtiyeat] |
| Sundays | Il-Ħdud | [ilhdu:t] |

## TIME

| | | |
|---|---|---|
| Time, | Ħin, | [hi:n] |
| times of the day: | ħinijiet tal-ġurnata: | [hiniyeat taldzurna:ta] |
| noon, midnight, | nofsinhar, nofsillejl, | [nofsina:r nofsilleyl] |
| eleven o'clock, | il-ħdax | [ilhda:ʃ] |
| ten past eleven, | il-ħdax u għaxra, | [ilhda:ʃ u a:ʃra] |
| quarter past eleven, | il-ħdax u kwart, | [ilhda:ʃ u kwart] |
| half past eleven, | il-ħdax u nofs, | [ilhda:ʃ u nofs] |
| quarter to seven, | is-sebgħa nieqes kwart, | [isseba neaqes kwart] |
| five to seven. | is-sebgħa nieqes ħamsa. | [isseba neaqes hamsa] |
| Excuse me. Can you tell me the time? | Skużi. Tista tgħidli x'ħin hu? | [sku:zi tista te:ydli ʃhin u] |
| It's six. | Is-sitta. | [issitta] |
| Nine in the morning. | Id-disgħa ta' filgħodu. | [iddisa ta filo:du] |
| Three in the afternoon. | It-tlieta ta' wara nofsinhar. | [ittleata ta wara nofsina:r] |
| Seven in the evening. | Is-sebgħa ta' filgħaxija. | [isseba ta fila:ʃiyya] |
| Yesterday. | Il-bieraħ. | [ilbearah] |
| Today. | Il-lum. | [illu:m] |
| Tomorrow. | Għada. | [a:da] |
| Two days ago. | Jumejn ilu. | [yumeyn i:lu] |
| In 4-days' time. | F'erba' t'ijiem | [ferba tiyeam] |
| Next week. | Il-ġimgħa d-dieħla. | [ildzima ddeahla] |
| Last week. | Il-ġimgħa li għaddiet. | [ildzima li a:ddeat] |
| In two weeks | Fi ħmistax. | [fi hmista:ʃ] |
| Ten at night. | L-għaxra ta' billejl. | [la:ʃra ta billeyl] |
| My watch is fast. | L-arloġġ tiegħi għandu 'l quddiem. | [larlottʃ teae:y a:ndu il quddeam] |
| My watch is slow. | L-arloġġ tiegħi għandu lura. | [larlottʃ teae:y a:ndu lu:ra] |

## MONEY

| | | |
|---|---|---|
| Money | Flus | [flu:s] |
| Coin / coins: | Munita / muniti: | [muni:ta muni:ti] |
| two mills, five mills, | żewġ mills, ħames mills, | [zewtʃ mills hames mills] |
| one cent, ten cents, | ċenteżmu, għaxar ċenteżmi, | [tʃentezmu a:ʃa:r tʃentezmi] |
| fifty cents, | ħamsin ċenteżmi, | [hamsin tʃentezmi] |
| half a pound, | nofs lira, | [nofs li:ra] |
| one pound. | lira. | [li:ra] |

## NUMBERS

| English | Maltese | Pronunciation |
|---|---|---|
| Zero, one, two, | Żero, wiehed, tnejn, | [ze:ro weahet tneyn] |
| three, four, five, | tlieta, erbgha, hamsa, | [tleata erba hamsa] |
| six, seven, eight, | sitta, sebgha, tmienja, | [sitta seba tmeanya] |
| nine, ten, eleven, | disgha, ghaxra, hdax, | [disa a:/ra hda:/] |
| twelve, thirteen, | tnax, tlettax, | [tna:/ tietta:/] |
| fourteen, fifteen, | erbatax, hmistax, | [erbata:/ hmista:x] |
| sixteen, seventeen, | sittax, sbatax, | [sitta:/ sbata:/] |
| eighteen, nineteen, | tmintax, dsatax, | [tminta:/ tsata:/] |
| twenty, twenty-one, | ghoxrin, wiehed u ghoxrin, | [o:/ri:n weahet u o:/ri:n] |
| twenty-two, | tnejn u ghoxrin, | [tneyn u o:/ri:n] |
| twenty-nine, | disgha u ghoxrin, | [disa u o:/ri:n] |
| thirty, forty, | tletin, erbghin, | [tleti:n erbe:yn] |
| fifty, sixty, | hamsin, sittin, | [hamsi:n sitti:n] |
| seventy, eighty, | sebghin, tmenin, | [sebe:yn tmeni:n] |
| ninety, one hundred, | disghin, mija, | [dise:yn miyya] |
| one thousand, | elf. | [elf] |
| | | |
| First, second, | L-ewwel, it-tieni, | [lewwel itteani] |
| third, fourth, | it-tielet, ir-raba', | [ittealet irraba] |
| fifth, sixth, | il-hames, is-sitta, | [ilhames issitta] |
| seventh, eighth, | is-seba', it-tmienja, | [isseba ittmeanya] |
| ninth, tenth. | id-disa', l-ghaxra. | [iddisa la:/ra] |
| | | |
| Once, twice, | Darba, darbtejn, | [darba darpteyn] |
| three times. | tliet darbiet. | [tleat darbeat] |
| | | |
| Half, third, | Nofs, terz, | [nofs terts] |
| quarter, three quarters. | kwart, tliet kwarti. | [kwart tleat kwarti] |
| | | |
| Pair, dozen. | Par, tużżana. | [pa:r tuzza:na] |
| | | |
| Year | Sena | [sena] |
| this year | din is-sena | [di:n issena] |
| last year | is-sena li ghaddiet | [issena li a:ddeat] |
| next year | is-sena d-diehla | [issena iddeahla] |
| each year | kull sena | [kull sena[ |
| a year ago | sena ilu | [sena i:lu] |
| in five years | f'hames snin | [fhames sni:n] |
| in the nineties | fid-disghinijiet | [fiddise:yniyeat] |
| leap year | sena bisestili | [sena bisesti:li] |
| decade | dekadu | [dekadu] |
| century | seklu | [seklu] |
| in the 20th century | fis-seklu ghoxrin | [fisseklu o:/ri:n] |
| | | |
| How old are you? | Kemm ghandek żmien? | [kemm a:ndek zmean] |
| | | |
| I'm 35 years old. | Ghandi hamsa u tletin sena. | [a:ndi hamsa u tleti:n sena] |
| | | |
| How old is he / she? | Kemm ghandu / ghandha żmien? | [kemm a:ndu a:nda zmean] |
| | | |
| He / she is 5 years old. | Ghandu / ghandha hames snin. | [a:ndu a:nda hames sni:n] |
| | | |
| He / she was born in 1976. | Twieled / twieldet fl-elf disa' mija u sitta u sebghin. | [twealet twealdet flelf disa miyya u sitta u sebe:yn] |
| | | |
| When is your birthday? | Meta taghlaq sninek? | [meta ta:laq sni:nek] |

# DICTIONARY AND PHRASEBOOK

## WISHING

| | | |
|---|---|---|
| Merry Christmas. | Il-Milied it-Tajjeb. | [ilmileat ittayyep] |
| Happy New Year. | Is-Sena t-Tajba. | [issena ttayba] |
| Happy Easter. | L-Għid it-Tajjeb. | [le:yt ittayyep] |
| Happy Birthday. | Happy Birthday. | [heppi berdey] |
| Best Wishes. | L-isbaħ Xewqat. | [lisbah ʃewqa:t] |
| Congratulations. | Nifraħlek (s) | [nifrahlek] |
| | Nifirħilkom (pl). | [nifirhilkom] |
| Good luck. | Ix-Xorti t-Tajba. | [iʃʃorti ttayba] |
| Regards. | Inselli għalik (s) | [inselli a:li:k] |
| | Inselli għalikom (pl). | [inselli a:li:kom] |
| Good-bye | Saħħa. | [sahha] |

## 2. ARRIVAL

### CUSTOMS

| | | |
|---|---|---|
| Customs. | Dwana. | [dwa:na] |
| Passport Control. | Kontroll tal-Passaport. | [kontroll talpassaport] |
| Here's my passport. | Hawn il-passaport tiegħi. | [a:wn ilpassaport teae:y] |
| I'll be staying... | Se noqgħod... | [se noqo:t] |
| a few days | għal ftit granet | [a:l fti:t dzra:net] |
| a week | għal ġimgħa | [a:l dzima] |
| a month | għal xahar | [a:l ʃa:r] |
| six months. | sitt xhur. | [sitt ʃu:r] |
| I don't know yet. | Għadni ma nafx. | [a:dni ma nafʃ] |
| I'm visiting relatives. | Se nżur il-qraba. | [se nzu:r ilqra:ba] |
| I'm here on vacation. | Qiegħed fuq vaganza. | [qeae:t fuq vagantsa] |
| I'm here on business. | Qiegħed fuq biżnis. | [qeae:t fuq bizni:s] |
| I'm taking courses at the university. | Se nsegwi korsijiet l-università. | [se nsegwi korsiyeat luniversita] |
| I'm sorry I don't understand. | Jiddispjaċini, ma nifhimx. | [yiddispyatʃi:ni ma nifimʃ] |
| Is there anyone here who speaks English? | Hawn xi ħadd hawn li jaf bl-Ingliż? | [a:wn ʃi hatt a:wn li ya:f blingli:s] |
| I have this luggage. | Għandi dawn il-bagalji. | [a:ndi dawn ilbagalyi] |
| I have nothing to declare. | M'għandi xejn x'niddikjara. | [ma:ndi ʃeyn ʃniddikya:ra] |
| I have a bottle of whisky. | Għandi flixkun wiski. | [a:ndi fliʃkun wiski] |
| Do I have to pay duty on these items? | Għandi nħallas dazju fuq dawn l-affarijiet? | [a:ndi nhallas datsyu fu:q dawn laffariyeat] |
| It's for my personal use. | Dan għall-użu tiegħi persunali. | [da:n a:llu:zu teae:y persuna:li] |

- 101 -

| There's one suitcase missing. | Hawn valiġġa nieqsa. | [a:wn validdza neaqsa] |

## CHANGING MONEY

| Where's the currency exchange office? | Fejn hu l-uffiċċju tal-kambju? | [feyn u luffitt/yu talkambyu] |
| Can you change these checks? | Tista tibdilli dawn iċ-ċekkijiet? | [tista tibdilli dawn itt/ekkiyeat] |
| I would like to change one hundred dollars. | Nixtieq nibdel mitt dollaru. | [ni/teaq nibdel mitt dollaru] |
| Can you change this into American dollars? | Tista tibdel dan f'dollari Amerikani? | [tista tibdel da:n fdollari amerika:ni] |
| What's the exchange rate? | X'inhi r-rata tal-kambju? | [ʃini rra:ta talkambyu] |
| Is there a restaurant close by? | Hawn xi ristorant fil-viċin? | [a:wn ʃi ristorant filvit/i:n] |
| Where is the restaurant? | Fejn hu r-ristorant? | [feyn u rristorant] |
| How do I get to...? | Kif immur għal...? | [ki:f immu:r a:l] |

## HOTEL RESERVATION

| I need information about hotels. | Għandi bżonn inform-azzjoni dwar lukandi. | [a:ndi bzonn inform attsyo:ni dwa:r lukandi] |
| Could you reserve a room for me / for us at a hotel? | Tista tirriservali / tirriservalna kamra f'lukanda? | [tista tirriserva:li tirriservalna kamra flukanda] |
| Downtown. Near the sea. | Ċentru. Hdejn il-baħar. | [t/entru] [hdeyn ilbahar] |
| A single room. A double room. Not too expensive. | Kamra singola. Kamra doppja. Mhux għalja wisq. | [kamra singola] [kamra doppya] [mu:/ a:lya wisq] |
| Where is the hotel? | Fejn hi l-lukanda? | [feyn i llukanda] |
| May I have a map of Malta and Gozo? | Tista tagħtini mappa ta' Malta u Għawdex? | [tista ta:ti:ni mappa ta malta u a:wde/] |

## CAR RENTAL

| Where can I rent a car? | Fejn nista nikri karozza? | [feyn nista nikri karottsa] |
| I'd like to rent a car. small / medium-sized / automatic. | Nixtieq nikri karozza. żgħira / medja / awtomatika. | [ni/teaq nikri karottsa] [ze:yra medya] [awtoma:tika] |
| I'd like it for a day / a week. | Irridha għal ġurnata / ġimgħa. | [irri:da a:l dzurna:ta dzima] |

| | | |
|---|---|---|
| What's the rate per day / week? | X'inhi t-tariffa għal ġurnata / ġimgħa? | [ʃini ttariffa aːl dzurnaːta dzima] |
| Is mileage included? | Il-kilometraġġ inkluż? | [ilkilometrattʃ inkluːs] |
| I want full insurance. | Irrid inxurans shiħa. | [irriːt inʃuːrans shiːha] |
| What's the deposit? | Kemm hu d-depożitu? | [kemm u ddepoːzitu] |
| I have a credit card. | Għandi kredit kard. | [aːndi kredit kart] |
| Here's my American driver's license. | Hawn il-liċenza tas-sewqan Amerikana. | [aːwn illitʃentsa tas sewqan amerikaːna] |

TAXI CAB

| | | |
|---|---|---|
| Where can I get a cab? | Fejn nista naqbad taksi? | [feyn nista naqbat taksi] |
| Please get me a cab. | Jekk jogħġbok sejjaħli taksi. | [yekk yoːdzbok seyyahli taksi] |
| What's the fare to...? | Kemm hi t-tariffa għal...? | [kemm i ttariffa aːl] |
| How long does it take...? | Kemm tieħu żmien għal...? | [kemm teahu zmean aːl] |
| Take me to... this address the airport downtown to... Hotel. | Ħudni... f'dan l-indirizz l-ajruport ċ-ċentru l-Hotel... | [hudni] [fdaːn lindiritts] [layruport] [ttʃentru] [lhoteːl] |
| Turn at the next corner. | Dur fil-kantuniera li ġejja. | [duːr filkantuneara li dzeyya] |
| To the left / right. | Max-xellug / mal-lemin. | [maʃʃelluːk mallemiːn] |
| Go straight ahead. | Mur dritt. | [muːr dritt] |
| Please stop here. | Jekk jogħġbok ieqaf hawn. | [yekk yoːdzbok eaqaf aːwn] |
| I'm in a hurry. | Ninsab mgħaġġel (m) mgħaġġla (f) | [ninsaːp maːddzel maːddzla] |
| Could you wait for me? | Tista tistennini? | [tista tistenniːni] |
| I'll be back in ten minutes. | Nerġa' lura f'għaxar minuti. | [nerdza luːra faːʃar minuːti] |
| Could you help me carry my suitcases? | Tista tgħinni nġorr il-bagalji? | [tista teːyni indzorr ilbagalyi] |
| How much do I owe you? | Kemm għandi ntik? | [kemm aːndi ntiːk] |

## 3. ACCOMMODATION

### CHECKING IN

| English | Maltese | Pronunciation |
|---|---|---|
| My name is... | Jisimni... | [yisimni] |
| I've a reservation. | Għandi riservazzjoni. | [a:ndi riservattsyo:ni] |
| Do you have any vacancies? | Għandek kmamar liberi? | [a:ndek kmamar liberi] |
| I'd like... a room... | Nixtieq kamra... | [ni/teaq kamra] |
| single / double | singola / doppja | [singola doppya] |
| with twin beds | b'żewġ sodod | [bzewt/ sodot] |
| with a double bed | b'sodda doppja | [psodda doppya] |
| with a bath | bil-banju | [bilbanyu] |
| with a shower | bix-xawer | [bi/ʃawer] |
| with a view. | b'veduta. | [pvedu:ta] |
| We'd like a... room... | Nixtiequ kamra... | [ni/teaqu kamra] |
| quiet | trankwilla | [trankwilla] |
| nonsmoking | bla tipjip | [bla tipyi:p] |
| in the back | fuq wara | [fu:q wara] |
| facing the sea | faċċata tal-baħar | [fatt/a:ta talbahar] |
| facing the garden | tagħti fuq il-ġnien | [ta:ti fu:q ildznean] |
| Is there...? | Hemm...? | [emm] |
| a telephone | telefon | [telefon] |
| a television | televiżjoni | [televizyo:ni] |
| air-conditioning | arja kondizzjonata | [arya kondittsyona:ta] |
| Could you put an extra bed in the room? | Tista tpoġġi sodda oħra fil-kamra? | [tista tpoddzi sodda ohra filkamra] |
| Can I connect my laptop in the room? | Nista' nikkonnettja l-laptop fil-kamra? | [nista nikkonnettya llaptop filkamra] |
| How much? | Kemm? | [kemm] |
| What's the price...? | X'inhu l-prezz...? | [/inu ilpretts] |
| per night | għal lejl | [a:lleyl] |
| per week | għal ġimgħa | [a:ldzima] |
| Does that include breakfast? | Dak jinkludi il-kolazzjon? | [da:k yinklu:di ilkolattsyo:n] |
| Is there discount for children? | Hemm xi skont għat-tfal? | [emm /i skont a:ttfa:l] |
| That's too expensive. | Dak għali wisq. | [da:k a:li wisq] |
| Have you anything cheaper ? | Għandek xi ħaġa irħas? | [a:n dek /i ha: dza irhas] |
| We'll be staying... | Se noqogħdu... | [se noqo:du] |
| one night | lejl wieħed | [leyl weahet] |
| this weekend | dal-wikend | [dalwi:kent] |
| a week, at least. | ġimgħa, mill-inqas. | [dzima millinqas] |
| We don't know yet how long we'll be staying. | Għad ma nafux kemm sejrin noqogħdu. | [a:t ma nafu:/ kemm seyri:n noqo:du] |

| | | |
|---|---|---|
| May I see the room? | Nista nara l-kamra? | [nista na:ra lkamra] |
| I'll take it. | Se neħodha. | [se nehoda] |
| No, I don't like it. | Le, ma togħġobnix. | [le ma to:dzobni:/] |
| It's too...<br>small / noisy. | Hi wisq...<br>żgħira / storbjuża. | [i wisq]<br>[ze:yra storbyu:za] |
| It smells of cigarette<br>smoke. | Hemm rieħa ta'<br>sigaretti. | [emm reaha ta<br>sigaretti] |
| Do you have<br>anything...?<br>better / cheaper<br>quieter / bigger<br>with a better view | Għandek<br>xi ħaġa...?<br>aħjar / irħas<br>iktar kwieta / ikbar<br>b'veduta aħjar | [a:ndek<br>/i ha:dza]<br>[ahya:r irhas]<br>[iktar kweata ikbar]<br>[pvedu:ta ahya:r] |

## REQUIREMENTS

| | | |
|---|---|---|
| Where can I park<br>my car? | Fejn nista' nipparkja<br>l-karozza? | [feyn nista nipparkya<br>ilkarottsa] |
| I'd like to leave this<br>in your safe. | Nixtieq inħalli dan<br>fis-sejf. | [ni/teaq inhalli da:n<br>fisseyf] |
| The key, please. | Jekk jogħġbok,<br>iċ-cavetta. | [yekk yo:dzbok<br>itt/avetta] |
| Will you please<br>wake me up<br>at seven. | Jekk jogħġbok,<br>qajjimni<br>fis-sebgha. | [yekk yo:dzbok<br>qayyimni<br>fisseba] |
| What's the voltage? | X'inhu l-kurrent<br>elettriku? | [/inu lkurrent<br>elettriku] |
| Where can I send a/an...<br>fax<br>cable<br>e-mail? | Fejn nista nibgħat...<br>fax<br>telegramm<br>e-mail? | [feyn nista niba:t]<br>[faks]<br>[telegramm]<br>[i:meyl] |
| Can you find me a...?<br>personal escort<br>babysitter<br>secretary<br>interpreter | Tista ssibli...?<br>gwida persunali<br>babysitter<br>segretarja<br>interpretu | [tista ssibli]<br>[gwida persuna:li]<br>[beybisite:r]<br>[segretarya]<br>[interpretu] |
| Where can I rent a...?<br>typewriter<br>laptop<br>beeper<br>cellular phone | Fejn nista nikri...?<br>tajprajter<br>laptop<br>biper<br>cellular telefon | [feyn nista nikri]<br>[tayprayter]<br>[laptop]<br>[bi:per]<br>[sellyular telefon] |
| Where's the elevator? | Fejn hu l-lift? | [feyn u llift] |
| Where's the...?<br>ladies' room<br>men's room | Fejn hija...?<br>il-ladies room<br>il-mens room | [feyn iyya]<br>[illeydis ru:m]<br>[ilmens ru:m] |
| Do you have stamps? | Għandek bolol? | [a:ndek bolol] |
| Would you please<br>mail this for me? | Jekk jogħġbok<br>impustali dan. | [yekk yo:dzbok<br>impustali da:n] |

| Are there any messages for me? | Hemm xi messaġġi għalija? | [emm /i messaddzi a:liyya] |
|---|---|---|
| I'd like to send e-mail. Where can I have access to the Internet via a public terminal? | Nixtieq nibagħt email. Fejn nista naċċedi l-Internet permezz ta' terminal pubbliku? | [ni/teaq niba:t i:meyl] [feyn nista natt/e:di linternet permetts ta terminal pubbliku] |
| I need these clothes cleaned / ironed. | Għandi bżonn dawn il-ħwejjeġ imnaddfa / mgħoddija. | [a:ndi bzonn dawn ilhweyyett/ imnaddfa mo:ddiyya] |
| When will they be ready? | Meta jkunu lesti? | [meta yku:nu lesti] |
| I need them... as soon as possible tonight tomorrow before Friday. | Għandi bżonnhom... mill-aktar fis possibbli il-lejla għada qabel nhar il-Ġimgħa. | [a:ndi bzonno:m] [millaktar fis possibbli] [illeyla] [a:da] [qabel na:r ildzima] |
| Can you mend this? | Tista ssewwi dan? | [tista ssewwi da:n] |
| Can you sew on this button? | Tista tħit din il-buttuna? | [tista thi:t di:n ilbuttu:na] |
| Can you get this stain out? | Tista tneħħi din it-tebgħa? | [tista tnehhi di:n itteba] |
| Is my laundry ready? | Il-ħwejjeġ tiegħi lesti? | [ilhweyyett/ teae:y lesti] |
| There's something missing. | Hawn xi ħaġa nieqsa. | [a:wn /i ha:dza neaqsa] |
| This isn't mine. | Din m'hix tiegħi. | [di:n mi:/ teae:y] |

## DIFFICULTIES

| The... doesn't work. air-conditioner heating television The faucet is dripping. | L-air conditioner il-heating it-televixin ...mhux qed jaħdem. Il-vit qed iqattar. | [le:r kondi/iner] [il hi:tink] [ittelevixin] [mu:/ qet yahdem] [ilvi:t qet iqattar] |
|---|---|---|
| There's no hot water. | M'hemmx ilma sħun. | [memm/ ilma shu:n] |
| The toilet is blocked. | It-tojlit ibblukkat. | [it toylit ibblukka:t] |
| The curtains don't close. | Il-purtieri ma jingħalqux | [ilpurteari ma yina:lqu:/] |
| The bulb is burned out. | Il-bozza nħarqet. | [ilbottsa nharqet] |
| My room has not been made up. | Il-kamra tiegħi għadha m'hix magħmula. | [ilkamra teae:y a:da mi:/ ma:mu:la] |
| There's too much noise next door. | Hemm storbju wisq fil-kamra ta' maġembi. | [emm storbyu wisq filkamra ta madzembi] |

## HAIRDRESSER / BARBER

| | | |
|---|---|---|
| Is there a hairdresser in the hotel? | Hawn hairdresser fil-lukanda? | [a:wn herdresser fillukanda] |
| Can I make an appointment for Friday? | Nista naghmel appuntament ghal nhar il-Gimgha? | [nista na:mel appuntament a:l na:r ildzima] |
| I'd like it cut and shaped. | Nixtieq taqtaghli xaghri u tissettjaha. | [ni/teaq taqta:li /a:ri u tissettya:a] |
| I want a haircut, please. | Jekk joghġbok irrid qatgha tax-xaghar. | [yekk yo:dzbok irri:t qata ta//a:r] |
| color | colour | [kaler] |
| highlight | highlight | [haylayt] |
| blow-dry | blow-dry | [blowdray] |
| color-rinse | colour rinse | kaler rins] |
| manicure | manikur | [maniku:r] |
| permanent | perm | [perm] |
| shampoo and set | xampù u sett | [/ampu u sett] |
| with bangs | bil-frenża | [bilfrenza] |
| My hair is.. dry / oily / normal. | Xaghri hu xott / żejtni / normali. | [/a:ri u /ott zeytni norma:li] |
| Don't cut too short. | Taqtaghx qasir wisq. | [taqta:/ qasi:r wisq] |
| A little more off the... sides, back, top. | Haffifli ftit iktar... il-ġnub, wara, fuq. | [haffifli fti:t iktar ildznu:p wara fu:q] |
| Please, no hairspray. | Jekk joghġbok taghmillix sprej. | [yekk yo:dzbok ta:milli:/ sprey] |
| I'd like a shave. | Aghmilli l-lehja. | [a:milli llehya] |
| Please, trim my sideburns. | Jekk joghġbok ittrimmjali s-sajbords. | [yekk yo:dzbok ittrimmya:li ssayborts] |

## CHECKING OUT

| | | |
|---|---|---|
| I'm leaving early in the morning. Please, have my bill ready. | Se nitlaq ghada kmieni fil-ghodu. Jekk joghġbok lestili l-kont. | [se nitlaq a:da kmeani filo:du yekk yo:dzbok lesti:li lkont] |
| May I please have my bill? | Jekk joghġbok tista taghtini l-kont? | [yekk yo:dzbok tista ta:ti:ni lkont] |
| I have to leave at once. | Ghandi bżonn nitlaq minnufih. | [a:ndi bzonn nitlaq minnufeah] |
| I'd like to pay by credit card. | Nixtieq inhallas bil-kredit kard. | [ni/teaq inhallas bil kredit kart] |
| I think there's a mistake in this bill. | Nahseb li hemm żball f'dan il-kont. | [nahsep li emm zball fda:n ilkont] |
| Can you get me a taxi? | Tista ssejjahli taksi? | [tista sseyyahli taksi] |

| Please forward my mail to this address. | Jekk jogħġbok ibagħtli l-posta f'dan l-indirizz. | [yekk yo:dzbok iba:tli lposta fda:n lindiritts] |
|---|---|---|
| Thank you. | Grazzi. | [grattsi] |

## 4. EATING OUT

| I'm hungry. | Għandi l-ġuħ. | [a:ndi ldzu:h] |
|---|---|---|
| I'm thirsty. | Għandi l-għatx. | [a:ndi lattʃ] |
| Can you recommend a good restaurant in this area? | Tista tirrikmanda ristorant tajjeb f'dawn l-inħawi? | [tista tirrikmanda ristorant tayyep fdawn linha:wi] |
| A seafood restaurant. | Ristorant li jispeċalizza fil-ħut. | [ristorant li yispetʃalittsa filhu:t] |
| A/an... restaurant. authentic Maltese Italian Chinese French | Ristorant Malti awtentiku Taljan Ċiniż Franċiż. | [ristorant [malti awtentiku] [talya:n] [tʃini:s] [frantʃi:s] |
| Are there any restaurants around here that aren't expensive? | Hawn xi ristoranti f'dawn l-inħawi li m'humiex għaljin? | [a:wn ʃi ristoranti fdawn linha:wi li mumeaʃ a:lyi:n] |
| I'd like to reserve a table for four. | Nixtieq nirriserva mejda għal erbgħa. | [ni/teaq nirriserva meyda a:l erba] |
| We'll come at seven. | Niġu għas-sebgħa. | [nidzu a:sseba] |
| Could we have a table...? by the window in the corner on the terrace in a non-smoking section | Tista tagħtina mejda...? magenb it-tieqa fir-rokna fuq it-terrazza fis-sezzjoni ta' bla tipjip | [tista ta:ti:na meyda] [madzemp itteaqa] [firrokna] [fuq itterrattsa] [fissettsyo:ni ta bla tipyi:p] |

## ORDERING

| Waiter / Waitress | Wejter / Wejtress | [weyter weytress] |
|---|---|---|
| May I have the menu, please. | Jekk jogħġbok, ġibli l-menù. | [yekk yo:dzbok dzi:bli lmenu] |
| Do you have a fixed menu? | Għandkom menù bi prezz fiss? | [a:ndkom menu bi pretts fiss] |
| I'd like a local dish. | Nixtieq platt lokali. | [ni/teaq platt loka:li] |
| What do you recommend? | X'tirrikmanda? | [ʃtirrikmanda] |
| I'd like... | Nixtieq... | [ni/teaq] |
| Would you bring us | Jekk jogħġbok, tista | [yekk yo:dzbok tista |

| a/an... please? | ġġibilna... | ddzibilna] |
|---|---|---|
| ashtray | axtrej | [a/trey] |
| cup | kikkra | [kikkra] |
| extra chair | siġġu ieħor | [siddzu eahor] |
| extra dish | platt ieħor | [platt eahor] |
| fork | furketta | [furketta] |
| glass | tazza | [tattsa] |
| knife | sikkina | [sikki:na] |
| napkin | sarvetta | [sarvetta] |
| plate | platt | [platt] |
| saucer | plattin | [platti:n] |
| spoon | mgħarfa | [ma:rfa] |

| There's a plate missing. | Hawn platt nieqes. | [a:wn platt neaqes] |
|---|---|---|

| I have no knife / fork / spoon / napkin. | M'għandix sikkina / furketta / mgħarfa / sarvetta. | [ma:ndi∫ sikki:na furketta ma:rfa sarvetta] |
|---|---|---|

| May I have some...? | Nixtieq ftit... | [ni/teaq fti:t] |
|---|---|---|
| bread | ħobż | [hops] |
| butter | butir | [buti:r] |
| margarine | margarina | [margari:na] |
| oil | żejt | [zeyt] |
| pepper | bżar | [bza:r] |
| salt | melħ | [melh] |
| sugar | zokkor | [tsokkor] |
| vinegar | ħall | [hall] |

| I'm on a diet. | Qiegħed fuq id-dieta. | [qea:et fuq iddeata] |
|---|---|---|

| I mustn't eat food containing... | Ma nistax niekol ikel li fih... | [ma nista:∫ neakol ikel li feah] |
|---|---|---|
| cholesterol | kolesterol | [kolesterol] |
| flour / fat | dqiq / xaham | [dqeaq ∫aham] |
| salt / sugar | melħ / zokkor | [melh tsokkor] |

| Do you have vegetarian dishes? | Għandkom platti veġetarjani? | [a:ndkom platti vedzetarya:ni] |
|---|---|---|

| Do you have a menu for diabetics? | Għandkom menù għad-dijabetiċi? | [a:ndkom menu a:ddiyabe:tit/i] |
|---|---|---|

| What kind of desserts do you have? | X'diżerti għandkom? | [∫dizerti a:ndkom] |
|---|---|---|

| May I have a glass of water, please? | Jekk jogħġbok, tista ġġibli tazza ilma? | [yekk yo:dzbok tista ddzi:bli tattsa ilma] |
|---|---|---|

| I'd like some more. | Nixtieq ftit iktar. | [ni/teaq fti:t iktar] |
|---|---|---|

| Just a small portion. | Porzjon żgħir biss. | [portsyo:n ze:yr biss] |
|---|---|---|

| I'd like a bottle / glass / half a bottle / a liter of white / red wine / beer / champagne. | Nixtieq flixkun / tazza / nofs flixkun / litru nbid abjad / aħmar / birra / xampanja. | [ni/teaq fli/ku:n tattsa] [nofs fli/ku:n li:tru] [mbi:t abyat ahmar] [birra ∫ampanya] |
|---|---|---|

| Nothing more, thanks. | Grazzi, xejn iktar. | [grattsi ∫eyn iktar] |
|---|---|---|

| I'd like to pay. | Nixtieq inħallas. | [ni/teaq inhallas] |
|---|---|---|

| We'd like to pay separately. | Nixtiequ nħallsu separati. | [ni/teaqu nħallsu separa:ti] |
| The bill, please. | Il-kont, jekk jogħġbok. | [ilkont yekk yo:dzbok] |

## BREAKFAST

| I'd like breakfast, please | Jekk jogħġbok, nixtieq nagħmel kolazzjon. | [yekk yo:dzbok ni/teaq na:mel kolattsyo:n] |
| I'll have a/an/some... | Jien irrid... | [yean irri:t] |
| sausage & eggs | zalzett u bajd | [tsaltsett u bayt] |
| bacon & eggs | bejkin u bajd | [beykin u bayt] |
| two fried eggs | żewġ bajdiet moqlijin | [zewt/ baydeat moqliyi:n] |
| scrambled eggs | bajd imħabbat | [bayt imħabbat] |
| a boiled egg | bajda mgħollija | [bayda mo:lliyya] |
| omelet with onion / garlic / vegetables / grated cheese | froġa bil-basal / bit-tewm / bil-ħaxix / bil-ġobon imħakk | [fro:dza bilbasal] [bittewm bilħa/i:/] [bildzobon imħakk] |
| cereal | ċereali | [t/erea:li] |
| orange juice | sugu tal-larinġ | [sugu tallarint/] |
| marmalade | marmellata | [marmella:ta] |
| toast | towst | [towst] |
| bread | ħobż | [hops] |
| bagel | bagel | [beygil] |
| muffin | muffin | [maffin] |
| coffee | kafè | [kafe] |
| cream | krema | [kre;ma] |
| cappuccino | kapuċċin | [kaputt/i:n] |
| decaf | dekaffinat | [dekaffina:t] |
| tea with milk | te bil-ħalib | [te bilhali:p] |
| tea with lemon | te bil-lumija | [te billumiyya] |

## MENU

| Appetizers | Antipasti | [antipasti] |
| First course | L-ewwel platt | [lewwel platt] |
| Second course | It-tieni platt | [itteani platt] |
| Soups | Sopop | [sopop] |
| Pasta | Għaġin | [a:dzi:n] |
| Pizza | Pizza | [pittsa] |
| Sauces | Zlazi | [tsla:tsi] |
| Rice | Ross | [ross] |
| Fish | Ħut | [hu:t] |
| Seafood | Frott tal-baħar | [frott talbahar] |
| Meat | Laħam | [laham] |
| Poultry | Tjur | [tyu:r] |
| Vegetables | Ħaxix | [ha/i:/] |
| Salads | Insalati | [insala:ti] |
| Spices | Ħwawar | [hwa:war] |
| Cheese | Ġobon | [dzobon] |
| Fruit | Frott | [frott] |
| Dessert | Diżerta | [dizerta] |
| Wine | Nbid | [mbi:t] |

| Fixed menu | Menù fiss | [menu fiss] |
| Daily special | Platt tal-ġurnata | [platt taldzurna:ta] |
| Specialties | Spjeċjalitajiet | [spet/yalitayeat] |
| Cold dishes | Platti keshin | [platti keshi:n] |
| Vegetables in season | Haxix fl-istaġun | [ha/i:/ flistadzu:n] |
| The chef recommends... | Il-kok jirrikmanda... | [ilko:k yirrikmanda] |

## HORS D'OEUVRES

| anchovies | inċova | [int/o:va] |
| artichokes | qaqoċċ | [qaqott/] |
| caviar | kavjar | [kavyar] |
| cold cuts of pork | majjal | [mayya:l] |
| mixed seafood | frott tal-baħar | [frott talbahar] |
| shrimps | gambli | [gambli] |
| sausage | zalzett | [tsaltsett] |
| olives | żebbuġ | [zebbu:t/] |
| oysters | gajdriet | [gaydreat] |
| ham | perżut | [perzu:t] |
| smoked salmon | salamun | [salamu:n] |
| sardines in oil | sardin fiż-żejt | [sardin fizzeyt] |
| clams in oil | arzell fiż-żejt | [artsell fizzeyt] |
| raw vegetables | ħaxix nej | [ha/i:/ ney] |
| pickles | pikles | [pikles] |
| chicken salad | insalata tat-tiġieġa | [insala:ta tattidzeadza] |

## SOUPS

| Widow's soup | Soppa ta' l-armla | [soppa talarmla] |
| Chick-pea soup | Soppa taċ-ċiċri | [soppa tatt/it/ri] |
| Fish soup | Aljotta | [alyotta] |
| Stuffed squash soup | Soppa tal-qarabaghli mimli | [soppa talqaraba:li mimli] |
| Lentil soup | Soppa ta' l-għazz | [soppa talatts] |
| Pea soup | Soppa tal-piżelli | [soppa talpizelli] |
| Vegetable soup | Minestra | [minestra] |
| Vegetable soup with pork | Kawlata tal-ħaxix u l-majjal | [kawla:ta talha/i:/ u lmayya:l] |
| Meat broth | Brodu tal-laħam | [bro:du tallaham] |
| Meat and vegetable soup | Soppa tal-laħam u tal-ħaxix | [soppa tallaham u talha/i:/] |
| Minestrone with tripe | Minestra bil-kirxa | [minestra bilkir/a] |

## FISH & SEAFOOD

| Dorado pie | Torta tal-lampuki | [torta tallampu:ki] |
| Grouper in caper sauce | Ċerna fiz-zalza tal-kappar | [t/erna fittsaltsa tal kappa:r] |
| Fried dorado | Lampuki moqlija | [lampu:ki moqliyya] |
| Octopus stew | Stuffat tal-qarnita | [stuffa:t talqarni:ta] |
| Stuffed squid | Klamari mimlijin | [klama:ri mimliyyi:n] |
| Salt cod fritters | Sfineċ tal-bakkaljaw | [sfinet/ talbakkalya:w] |
| Grilled swordfish | Pixxispad mixwi | [pi//ispa:t mi/wi] |
| Whitebait patties | Ftajjar tal-makku | [ftayyar talmakku] |
| Baked tuna | Tonn fil-forn | [tonn filforn] |
| Grilled tuna | Tonn mixwi | [tonn mi/wi] |
| Seafood medley | Għażla ta' frott il-baħar | [a:zla ta frott ilbahar] |
| Boiled fish | Ħut inbjank | [hut inbyank] |
| cod / mussel | merluzz / masklu | [merlutts masklu] |
| shrimp / crab | gamblu / granċ | [gamblu grant/] |
| eel / oyster | sallura / gajdra | [sallu:ra gaydra] |

| English | Maltese | Pronunciation |
|---|---|---|
| swordfish / octopus | pixxispad / qarnita | [pi∫∫ispa:t qarni:ta] |
| sea urchin / tuna | rizza / tonn | [rittsa tonn] |
| sardine / prawn | sardina / gamblu kbir | [sardi:na gamblu gbi:r] |
| mackerel / sturgeon | kavall / sturjun | [kavall sturyu:n] |
| clam / trout | arzella / trota | [artsella tro:ta] |
| pilot fish / dorado | fanfru / lampuka | [fanfru lampu:ka] |
| bream / amber jack | sargu / aċċola | [sargu att/o:la] |
| grouper / dentex | ċerna / dentiċi | [t∫erna dentit/i] |
| bass / bonito | dott / plamtu | [dott plamtu] |

## RICE & PASTA

| English | Maltese | Pronunciation |
|---|---|---|
| Baked rice | Ross fil-forn | [ross filforn] |
| Rice with chicken livers | Ross bil-fwied tat-tiġieġ | [ross bilfweat tattidzeat∫] |
| Baked rice with ricotta | Ross bl-irkotta fil-forn | [ross blirkotta filforn] |
| Spaghetti with seafood sauce | Spagetti biz-zalza tal-frott tal-baħar | [spagetti bittsaltsa talfrott talbahar] |
| Spaghetti with meat sauce | Spagetti biz-zalza ta' l-ikkapuljat | [spagetti bittsaltsa ta likkapulya:t] |
| Vermicelli omelette | Froġa tat-tarja | [fro:dza tattarya] |
| Baked macaroni | Mqarrun fil-forn | [mqarru:n filforn] |
| Baked macaroni in pastry case | Timpana | [timpa:na] |
| Lasagne | Lażanja | [lazanya] |
| Ravioli | Ravjul | [ravyu:l] |

## MEAT

| English | Maltese | Pronunciation |
|---|---|---|
| Beef: | Ċanga: | [t∫anga] |
| Stuffed beef rolls | Braġoli | [bradzo:li] |
| Beef stew | Stju taċ-ċanga | [styu tatt∫anga] |
| Roast beef with potatoes | Ċanga bil-patata l-forn | [t∫anga bilpata:ta lforn] |
| Steamed meat and mashed potatoes | Laħam fuq il-fwar bil-patata maxx | [laham fu:q ilfwa:r bilpata:ta ma∫∫] |
| Stuffed flank steak | Falda mimlija | [falda mimliyya] |
| Meat pie | Pastizz tal-laħam | [pastitts tallaham] |
| Skewered meat | Laħam fis-seffud | [laham fisseffu:t] |
| Veal / mutton | vitella / muntun | [vitella muntu:n] |
| lamb / beef | ħaruf / ċanga | [haru:f t∫anga] |
| steak / rib | stejk / kustilja | [steyk kustilya] |
| liver / tongue | fwied / ilsien | [fweat ilsean] |
| kidney / shoulder | kilwa / spalla | [kilwa spalla] |
| meatball / tripe | pulpetta / kirxa | [pulpetta kir∫a] |
| cooked / fried | msajjar / moqli | [imsayyar moqli] |
| boiled / grilled | mgħolli / mixwi | [mo:lli mi∫wi] |
| roasted / steamed | fil-forn / fuq il-fwar | [filforn fu:q ilfwa:r] |
| rare | ftit nej | [fti:t ney] |
| medium | midju | [midyu] |
| well done | msajjar sew | [msayyar sew] |
| Pork: | Majjal: | [mayya:l] |
| Roast pork | Majjal fil-forn | [mayya:l filforn] |
| Baked pork chops and potatoes | Kustilji tal-majjal bil-patata l-forn | [kustilyi talmayya:l bilpata:ta lforn] |
| Braised pork | Majjal addobbu | [mayya:l addobbu] |
| Smothered pork | Majjal fgat | [mayya:l fga:t] |
| Pork fricassee | Pulpetti tal-majjal inbjank | [pulpetti talmayya:l inbyank] |
| Pork stew | Stuffat tal-majjal | [stuffa:t talmayya:l] |

| Rabbit: | Fenek: | [fenek] |
|---|---|---|
| Rabbit pie | Torta tal-fenek | [torta talfenek] |
| Fried rabbit | Fenek moqli | [fenek moqli] |
| Rabbit casserole | Fenek biz-zalza | [fenek bittsaltsa] |
| Rabbit stew | Stuffat tal-fenek | [stuffa:t talfenek] |

| Poultry & game: | Tjur u kaċċa: | [tyu:r u katt/a] |
|---|---|---|
| Stuffed chicken | Tiġieġa bil-haxu | [tidzeadza bilha/u] |
| Roast turkey | Dundjan fil-forn | [dundya:n filforn] |
| Braised quail | Summien biz-zalza | [summean bittsaltsa] |
| Pigeon pie | Pastizz tal-bċieċen | [pastitts talpt/eat/en] |
| Wild duck with piquant | Borka biz-zalza | [borka bittsaltsa |
| sauce | pikkanti | pikkanti] |
| Quail pies | Pastizzi tas-summien | [pastittsi tassummean] |

| Lamb: | Haruf: | [haru:f] |
|---|---|---|
| Roast lamb | Haruf fil-forn | [haru:f filforn] |
| Fricassee of lamb | Frakassija tal-haruf | [frakassiyya talharu:f] |

| Offal: | Interjuri: | [interyu:ri] |
|---|---|---|
| Tripe pie | Torta tal-kirxa | [torta talkir/a] |
| Tripe casserole | Stuffat tal-kirxa | [stuffa:t talkir/a] |
| Fried tripe | Kirxa moqlija | [kir/a moqliyya] |
| Brain fritters | Fritturi tal-moħħ | [frittu:ri talmohh] |
| Malta sausage | Zalzett ta' Malta | [tsaltsett ta malta] |
| Skewered liver | Fwied fis-seffud | [fweat fisseffu:t] |
| Liver stroganoff | Fwied bil-jogurt | [fweat bilyo:gurt] |
| Kidneys and onions | Kliewi bil-basal | [kleawi bilbasal] |

## VEGETABLES

| Stuffed artichokes | Qaqoċċ mimli | [qaqott/ mimli] |
|---|---|---|
| Jerusalem artichoke fritters | Fritturi tal-artiċokk | [frittu:ri talartit/okk] |
| Stuffed eggplant | Brinġiel mimli | [brindzeal mimli] |
| Grandma's broad beans | Ful tan-nanna | [fu:l tannanna] |
| Bean paste | Bigilla | [bigilla] |
| Cucumber salad | Insalata bil-hjar | [insala:ta bilhya:r] |
| Stuffed cabbage leaves | Kaboċċi mimlijin | [kabott/i mimliyyi:n] |
| Cauliflower stew | Stuffat tal-pastard | [stuffa:t talpastart] |
| Stuffed vegetable marrows | Qarabaghli mimli | [qaraba:li mimli] |
| Stuffed green peppers | Bżar aħdar mimli | [bza:r ahdar mimli] |
| Spinach pie | Torta ta' l-ispinaċi | [torta ta lispina:t/i] |
| Vegetable pie | Torta tal-haxix | [torta talha/i:/] |
| asparagus / broccoli | spraġ / brokkli | [sprat/ brokkli] |
| artichokes / carrots | qaqoċċ / zunnarija | [qaqott/ tsunnariyya] |
| cauliflower / cabbage | pastarda / kaboċċa | [pastarda kabott/a] |
| celery / chick-peas | karfusa / ċiċri | [karfu:sa t/it/ri] |
| cucumber / onion | hjara / basla | [hya:ra basla] |
| beans / lettuce | ful / hass | [fu:l hass] |
| eggplant / potato | brinġiela / patata | [brindzeala pata:ta] |
| peppers / peas | bżar / piżelli | [bza:r pizelli] |
| pumpkin / spinach | qargha hamra / spinaċl | [qara hamra spina:t/i] |
| turnip / zucchini | ġidra / żukkini | [dzidra zukki:ni] |
| marrows | qarabaghli | [qaraba:li] |

| Spices and herbs: | Hwawar u hxejjex: | [hwa:war u h/eyye/] |
|---|---|---|
| garlic / basil | tewm / habaq | [tewm habaq] |

| | | |
|---|---|---|
| cinnamon / capers | kannella / kappar | [kannella kappa:r] |
| bay / oregano | rand / oreganu | [rant oreganu] |
| parsley / marjoram | tursina / merdqux | [tursi:na mertqu:ʃ] |
| saffron / thyme | żafran / timu | [zafra:n ti:mu] |
| ginger / spearmint | ġinġer / nagħniegħ | [dzindzer na:neah] |

## DESSERTS & SWEETS

| | | |
|---|---|---|
| Fresh fruit salad | Insalata tal-frott frisk | [insala:ta talfrott frisk] |
| Bread pudding | Pudina tal-ħobż | [pudi:na talhops] |
| Chestnut soup | Imbuljuta | [imbulyu:ta] |
| Chestnut pie | Torta tal-qastan | [torta talqastan] |
| Ricotta and almond pie | Torta tal-irkotta u lewż | [torta talirkotta u lews] |
| Ricotta-filled cornets | Kannoli tal-irkotta | [kanno:li talirkotta] |
| Lenten sweet | Kwareżimal | [kwarezima:l] |
| Date stuffed fritters | Mqaret | [mqa:ret] |
| Treacle rings | Qagħaq ta' l-għasel | [qa:q ta la:sel] |
| Easter pastries | Figolli | [figolli] |
| Almond macaroons | Biskuttini tal-lewż | [biskutti:ni tallews] |
| Maltese trifle | Suflè | [sufle] |
| Nougat | Qubbajt | [qubbayt] |
| Carob syrup | Ġulepp tal-ħarrub | [dzulepp talharru:p] |
| Rusk pudding | Pudina tal-biskuttelli | [pudi:na talbiskuttelli] |
| Figs and nut pie | Torta tat-tin u l-ġewż | [torta tatti:n u ldzews] |
| Strawberry pancakes | Ftajjar tal-frawli | [ftayyar talfrawli] |
| Icecream | Ġelat | [dzela:t] |
| Chocolate cake | Kejk taċ-ċikkolata | [keyk tattʃikola:ta] |

## FRUIT

| | | |
|---|---|---|
| apricot / orange | berquqa / larinġa | [berqu:qa larindza] |
| watermelon / apple | dulliegħa / tuffieħa | [dulleaa tuffeaha] |
| peanuts / banana | karawett / banana | [karawett bana:na] |
| cherries / dates | ċirasa / tamal | [tʃira:sa tamal] |
| fig / lemon | tina / lumija | [ti:na lumiyya] |
| strawberries / pear | frawli / lanġasa | [frawli landza:sa] |
| almonds / grapes | lewż morr / għeneb | [lews morr e:nep] |
| peach / plum | ħawħa / għajnbaqra | [hawha a:ynbaqra] |
| raisins / melon | passolina / bettieħa | [passoli:na betteaha] |

## OTHER

| | | |
|---|---|---|
| Maltese cheesecakes | Pastizzi | [pastittsi] |
| Individual ricotta pie | Qassata ta' l-irkotta | [qassa:ta talirkotta] |
| Individual meat pie | Qassata tal-laħam | [qassa:ta tallaham] |
| Small ravioli pie | Ravjuletti bl-irkotta | [ravyuletti blirkotta] |
| Scrambled eggs with tomatoes | Balbuljata bil-bajd u t-tadam | [balbulya:ta bilbayt u ttada:m] |
| Bread and oil | Ħobż biż-żejt | [hops bizzeyt] |
| Small fresh cheeses | Ġbejniet friski | [dzbeyneat friski] |
| Dried cheeses | Ġbejniet moxxi | [dzbeyneat moʃʃi] |
| Peppered 'ġbejniet' | Ġbejniet tal-bżar | [dzbeyneat talbza:r] |
| Hard biscuits | Galletti | [galletti] |
| Rusks | Biskuttelli | [biskuttelli] |
| Sandwich | Sandwiċ | [sandwitʃ] |

## 5. GETTING AROUND

### BY BUS AND CAR

| | | |
|---|---|---|
| Excuse me! Where can I get a bus to... ? | Skużi! Fejn nista naqbad karozza għal...? | [sku:zi feyn nista naqbat karottsa a:l] |
| Is there a bus that goes there? | Hemm karozza li tmur hemm? | [emm karottsa li tmu:r emm] |
| Where's the bus stop? | Fejn hu l-istejġ? | [feyn u listeyt/] |
| How much is the fare to..? | Kemm hu l-fer għal..? | [kemm u lfe:r a:l] |
| Do I have to change buses? | Ikolli nieħu karozza oħra? | [ikolli neahu karottsa ohra] |
| Will you tell me when to get off? | Jekk jogħġbok għidli meta ninżel. | [yekk yo:dzbok e:ydli meta ninzel] |
| I want to get off at... | Irrid ninżel... | [irri:t ninzel] |
| Excuse me! Can you tell me the way to... | Skużi! Tista tgħidli t-triq għal... | [sku:zi tista te:ydli ttreaq a:l] |
| How far is the next village? | Kemm hu bogħod ir-raħal li ġej? | [kemm u bo:t irrahal li dzey] |
| How far is it from here to..? | Kemm hu bogħod minn hawn għal..? | [kemm u bo:t minn a:wn a:l] |
| Where can I find this address? | Fejn nista nsib dan l-indirizz? | [feyn nista nsi:p da:n lindiritts] |
| Can you show on the map where I am? | Tista turini fuq il-mappa fejn ninsab? | [tista turi:ni fu:q il mappa feyn ninsa:p] |

### CAR NEEDS

| | | |
|---|---|---|
| Where's the nearest gas station? | Fejn hu l-eqreb stazzjon tal-petrol? | [feyn u leqrep stattsyo:n talpetrol] |
| Fill'er up, please. | Jekk jogħġbok imla t-tank. | [yekk yo:dzbok imla ttank] |
| Please check the... | Jekk jogħġbok iċċekkja... | [yekk yo:dzbok itt/ekkya] |
| oil / water | l-ojl / l-ilma | [loyl lilma] |
| battery / alternator | l-batterija / l-olternejter | [lbatteriyya lolterneyter] |
| brake fluid | l-fluwid tal-brejk | [lfluwit talbreyk] |
| tire pressure | l-pressjoni tat-tajer | [lpressyo:ni tattayer] |
| spare tire. | l-isper tajer. | lispe:r tayer] |
| I have a flat tire. | Għandi tajer mifqugħ. | [a:ndi tayer mifqu:h] |
| Can you fix the flat? | Tista ssewwi t-tayer mifqugħ? | [tista ssewwi ttayer mifqu:h] |
| Please change the... | Jekk jogħġbok tista tibdel... | [yekk yo:dzbok tista tibdel] |

MALTESE-ENGLISH/ENGLISH-MALTESE

| filter | il-filter | [ilfilter] |
|---|---|---|
| fan belt | iċ-ċinga tal-fan | [it t/in ga talfan] |
| the bulb | il-bozza | [ilbottsa] |
| wipers | il-wajpers | [ilwaypers] |
| spark plugs. | l-isparkplags. | [lisparplags] |

| Where can I park? | Fejn nista nipparkja? | [feyn nista nipparkya] |
|---|---|---|
| May I park here? | Nista nipparkja hawn? | [nista nipparkya a:wn] |
| Where's the nearest garage? | Fejn hu l-eqrb garaxx? | [feyn u leqrep gara/ʃ] |
| Excuse me. My car broke down. | Skużi. Għandi l-ħsara fil-karozza. | [sku:zi a:ndi lhsa:ra filkarottsa] |
| May I use your phone? | Tippermettili nuża t-telefon tiegħek? | [tippermetti:li nu:za ttelefon teae:k] |
| My car broke down at... | Il-karozza tiegħi bil-ħsara... | [ilkarottsa teae:y bilhsa:ra] |
| Can you send a mechanic? | Tista tibgħat mekkanik? | [tista tibat mekka:nik] |
| I need a tow-truck. | Għandi bżonn trakk biex jirmonkani. | [a:ndi bzonn trakk bea/ yirmonka:ni] |
| Can you send one? | Tista tibgħatli wieħed? | [tista tiba:tli weahet] |
| My car won't start. | Il-karozza mhux qed tistartja. | [ilkarottsa mu:ʃ qet tistartya] |
| I've run out of gas. | Spiċċali l-petrol. | [spitt/a:li lpetrol] |
| The battery is dead. | Il-batterija mietet. | [ilbatteriyya meatet] |
| The engine is overheating. | Il-magna qed tishon iżżejjed. | [ilmagna qet tishon izzeyyet] |
| There's somethng wrong with the... ignition / brakes radiator / exhaust pipe air conditioner front, back wheels. | Hemm xi ħaġa mhux sewwa... fl-ignixin / fil-brejks fir-radjatur / fl-egżost pajp fl-air conditioner fir-roti ta' quddiem, ta' wara. | [emm ʃi ha:dza m:ʃ sewwa] [fligni:/in filbreyks] [firradyatu:r flekzost payp] [flerkondi/iner] [firro:ti ta quddeam ta wara] |

AUTO ACCIDENT

| There has been an accident. | Ġara aċċident. | [dzara att/ident] |
|---|---|---|
| There are people injured. | Hemm nies korruti. | [emm neas korru:ti] |
| Where's the nearest phone? | Fejn hu l-eqreb telefon? | [feyn u leqrep telefon] |
| Please call the police. | Jekk jogħġbok sejjaħ il-pulizija. | [yekk yo:dzbok seyyah ilpulitsiyya] |

| | | |
|---|---|---|
| Call a doctor, an ambulance quickly. | Sejjaħ malajr tabib, ambulanza. | [seyyah malayr tabi:p ambulantsa] |
| What's your name and address? | Int x'jismek u x'indirizz għandek? | [int ∫yismek u ∫indiritts a:ndek] |
| What's your insurance company? | Liema hi l-kumpanija tal-inxurans tiegħek? | [lima i lkumpaniyya talin∫urans teae:k] |

## SIGHTSEEING

| | | |
|---|---|---|
| Excuse me. Can you tell me where the tourist office is? | Skużi. Taf tgħidli fejn hu l-uffiċċju tat-turiżmu? | [sku:zi taf te:ydli feyn u luffitt/yu tat turizmu] |
| May I have a few brochures on the main points of interest? | Tista tagħtini xi ftit brochures dwar il-postijiet ewlenin ta' interess. | [tista ta:ti:ni ∫i fti:t bro∫urs dwar il postiyeat ewleni:n ta interess] |
| We're here for... only a few hours a day / two days a week. | Aħna qegħdin hawn... għal ftit siegħat biss / għal ġurnata / jumejn / għal ġimgħa. | [ahna qedi:n a:wn] [a:l fti:t seaa:t biss] [a:l dzurna:ta yumeyn] [a:l dzima] |
| What tours do you suggest we take? | X'ġiti tissuġġerilna nagħmlu? | [∫dzi:ti tussuddzerilna na:mlu] |
| How much does the tour cost? | Kemm tqum il-ġita? | [kemm tqu:m ildzi:ta] |
| What time does the tour start? | X'ħin tibda l-ġita? | [∫hi:n tibda ldzi:ta] |
| What time do we get back? | X'ħin niġu lura? | [∫hi:n nidzu lu:ra] |
| We would like to spend three days in Gozo. How do we get there and what's the best way to go around the island? | Nixtiequ ngħaddu tlitt ijiem Għawdex. Kif immorru hemm u kif l-aħjar induru mal-gżira? | [ni/teaqu na:ddu tlitt iyeam a:wde∫ ki:f immorru emm u ki:f lahya:r indu:ru malgzi:ra] |
| I'd like to hire a private guide for... half a day a full day two days. | Nixtieq nikri gwida privat għal... nofs ġurnata ġurnata sħiħa jumejn. | [ni/teaq nikri gwi:da priva:t a:l] [nofs dzurna:ta] [dzurna:ta shi:ha] [yumeyn] |

## LANDMARKS

| | | |
|---|---|---|
| Where is / are the... ? | Fejn hu (m), hi (f), huma (pl)... | [feyn u i u:ma] |
| beach | xatt il-baħar (m) | [∫att ilbahar] |
| catacombs | l-katakombi (pl) | [lkatakombi] |
| cathedral | l-katidral (m) | [lkatidral] |
| cave | l-għar (m) | [la:r] |
| cemetery | ċ-ċimiteru (m) | [tt∫imite:ru] |
| church | l-knisja (f) | [lknisya] |
| convent | l-kunvent (m) | [lkunvent] |
| court house | l-qorti (m) | [lqorti] |
| downtown area | ċ-ċentru (m) | [tt∫entru] |

| exhibition | l-wirja (f) | [lwirya] |
|---|---|---|
| factory | l-fabbrika (f) | [lfabbrika] |
| fair | l-fiera (f) | [lfeara] |
| flea market | l-monti (m) | [lmonti] |
| fortress | l-furtizza (f) | [lfurtittsa] |
| gardens | l-ġonna (pl) | [ldzonna] |
| harbor | l-port (m) | [lport] |
| library | l-biblioteka (f) | [lbibliote:ka] |
| monument | l-monument (m) | [lmonument] |
| museum | l-mużew (m) | [lmuze:w] |
| neolithic temples | t-tempji neolitiċi (pl) | [ttempyi neoli:tit/i] |
| parish church | l-knisja parrokkjali (f) | [lknisya parrokkya:li] |
| parliament building | l-parlament (m) | [lparlament] |
| square | l-pjazza (f) | [lpyattsa] |
| stadium | l-istadju (m) | [listadju] |
| statue | l-istatwa (f) | [listatwa] |
| theater | t-teatru (m) | [tteatru] |
| tomb | l-qabar (m) | [lqabar] |
| tower | t-torri (m) | [ttorri] |
| university | l-università (f) | [luniversita] |

| Is... open on Saturdays / Sundays? | ... jiftaħ (m), tiftaħ (f) nhar ta' Sibt nhar ta' Ħadd? | [yiftah tiftah] [na:r ta sipt] [na:r ta hatt] |
|---|---|---|
| When does it open? | Meta jiftaħ (m), tiftaħ (f)? | [meta yiftah tiftah] |
| When does it close? | Meta jagħlaq (m), tagħlaq (f)? | [meta ya:laq ta:laq] |
| How much is the entrance fee? | Kemm hu l-prezz tad-dħul? | [kemm u lpretts tatthu:l] |
| Do you have a guidebook in English? | Għandek gwida bl-ingliż? | [a:ndek gwi:da blingli:s] |
| I'd like a catalog. | Nixtieq katalgu. | [ni/teaq katalgu] |
| Is it all right to take pictures / videos? | Hu permess li tieħu ritratti / videos? | [u permess li teahu ritratti videows] |
| I'm interested in... We're interested in... | Jien interessat (m)... interessata (f)... Aħna interessati (pl)... | [yean interessa:t interessa:ta] [ahna interessa:ti] |

| antiques | fl-antikitajiet | [flantikitayeat] |
|---|---|---|
| archaeology | fl-arkeoloġija | [flarkeolodziyya] |
| art | fl-arti | [flarti] |
| ceramics | fiċ-ċeramika | [fitt/era:mika] |
| coins | fil-muniti | [filmuni:ti] |
| fauna | fil-fawna | [filfawna] |
| flora | fil-flora | [filflo:ra] |
| furniture | fl-għamara | [fla:ma:ra] |
| handicrafts | fl-artiġjanat | [flartidzyana:t] |
| history | fl-istorja | [flistorya] |
| medicine | fil-mediċina | [filmedit/i:na] |
| music | fil-mużika | [filmuzika] |
| ornithology | fl-ornitoloġija | [flornitolodziyya] |
| painting | fil-pittura | [filpittu:ra] |
| pottery | fil-fuħħar | [filfuhha:r] |
| prehistory | fil-preistorja | [filpreistorya] |
| religion | fir-reliġjon | [firrelidzyo:n] |
| sculpture | fl-iskultura | [fliskultu:ra] |

| It's... | Hu (m), hi (f)... | [u i] |
|---|---|---|
| amazing | ta' l-għageb | [ta la:dzep] |
| beautiful | sabiħ (m), -a (f) | [sabi:h sabi:ha] |
| fantastic | fantastik/u (m), -a (f) | [fantastiku fantastika] |
| impressive | impressjonanti (m, f) | [impressyonanti] |
| interesting | interessanti (m, f) | [interessanti] |
| magnificent | manyifik/u (m), -a (f) | [manyi:fiku manyi:fika] |
| strange | stramb (m), -a (f) | [stramp stramba] |
| superb | meraviljuż (m), -a (f) | [meravilyu:s meravilyu:za] |
| ugly | ikrah (m), kerha (f) | [ikrah kera] |

## RELIGIOUS SERVICES

| Is there a/an... | Hawn... | [a:wn |
|---|---|---|
| near here? | fil-viċin? | filvitʃi:n] |
| Catholic church | knisja kattolika | [knisya katto:lika] |
| Protestant church | knisja protestanta | [knisya protestanta] |
| Buddhist temple | tempju buddista | [tempyu buddista] |
| Mosque | moskea | [moskea] |
| Synagogue | sinagoga | [sinago:ga] |

| What time is the service? | Fi x'ħin hu s-servizz? | [fi ʃhi:n u isservitts] |
|---|---|---|

| What times are the Masses? | Fi x'ħinijiet huma l-quddies? | [fi ʃhiniyeat u:ma ilquddeas] |
|---|---|---|

| I'd like to speak with a... | Nixtieq nitkellem ma... | [ni/teaq nitkellem ma] |
|---|---|---|
| priest | qassis | [qassi:s] |
| minister | ministru | [ministru] |
| friar | patri | [pa:tri] |
| nun | soru | [so:ru] |
| rabbi | rabbin | [rabbi:n] |

| I'd like to visit the church. | Nixtieq inżur il-knisja. | [ni/teaq inzu:r ilknisya] |
|---|---|---|

| Is there a *festa*\* being celebrated somewhere this week? | Hawn xi festa x'imkien dil-ġimgħa? | [a:wn ʃi festa ʃimkean dildzima] |
|---|---|---|

| We 'd like to go to see one. | Nixtiequ mmorru naraw waħda. | [ni/teaqu mmorru naraw wahda] |
|---|---|---|

| Can you recommend one ? | Tista tirrikmanda waħda? | [tista tirrikmanda wahda] |
|---|---|---|

\* The *festa* is the annual festivity in honor of a parish patron saint. Every town and village celebrates at least one *festa*. It is a very colorful occasion characterized by street decorations, band music, a religious procession and fireworks.

## 6. LEISURE

| Can you recommend a... | Tista tirrikmanda xi... | [tista tirrikmanda /i] |
|---|---|---|
| good movie | film tajjeb | [film tayyep] |
| concert | kunċert | [kunt/ert] |
| folkloric event | programm folkloriku | [programm folklo:riku] |
| opera | opera | [opera] |
| comedy | kummiedja | [kummeadya] |
| play | dramm | [dramm] |
| nightclub | najtklabb | [naytklapp] |
| disco | diskow | [disko:w] |
| casino | każinò | [kazino] |

| Is there a football game anywhere this Sunday? | Hemm xi logħba tal-futbol x'imkien dal-Ħadd? | [emm /i lo:ba tal futbol /imkean dalhatt] |
|---|---|---|
| Which teams are playing? | Liema timijiet se jilgħabu? | [lima timiyeat se yila:bu] |
| Can you get me a ticket? | Tista takkwistali biljett? | [tista takkwista:li bilyett] |
| Where's the golf course? | Fejn hu l-kors tal-golf? | [feyn u lkors talgolf] |
| Where are the tennis courts? | Fejn huma t-tennis courts? | [feyn u:ma ttennis korts] |
| Where's the race track? | Fejn hi l-korsa tat-tiġrija? | [feyn i lkorsa tat tidzriyya] |
| Is there any good fishing around here? | Hawn xi post tajjeb għall-istad f'dawn i-inħawi? | [a:wn /i post tayyep a:llista:t fdawn linha:wi] |
| Do I need a permit? | Jeħtieġli permess? | [yehteadzli permess] |
| Where can I get one? | Minn fejn nista nġib wieħed? | [minn feyn nista ndzi:p weaħet] |
| Is there a swimming pool here? | Hawnhekk hawn pixxina? | [a:wnekk a:wn pi//ina] |
| Can you recommend a nice beach? | Tista tirrikmanda xi xatt il-baħar sabiħ? | [tista tirrikmanda /i /att ilbahar sabi:h] |
| Is it hazardous for swimming? | Hu perikuluż għall-għawm? | [u perikulu:s a:lla:wm] |
| Is it safe for children? | Hu sejf għat-tfal? | [u seyf a:ttfa:l] |

| I'd like to rent a/an... | Nixtieq nikri... | [ni/teaq nikri] |
|---|---|---|
| sailboat | dgħajsa tal-qlugħ | [da:ysa talqlu:h] |
| motorboat | motorbowt | [motorbowt] |
| surfboard | serfbord | [serfbort] |
| umbrella | umbrella | [umbrella] |
| rowing boat | dgħajsa tal-qdif | [da:ysa talqdi:f] |
| water-skis | skis tal-baħar | [skis talbahar] |
| diving equipment | diving equipment | [dayvink ekwipment] |
| jet-skis | jet-ski | [dzetski] |

DICTIONARY AND PHRASEBOOK

## 7. MEETING PEOPLE

### INTRODUCTIONS

| English | Maltese | Pronunciation |
|---|---|---|
| May I introduce...? | Ippermettili nippreżenta... | [ippermetti:li nipprezenta] |
| This is.. | Dan hu (m)... Din hija (f)... | [da:n u] [di:n iyya] |
| My name is... | Jien jisimni... | [yean yisimni] |
| Pleased to meet you. | Għandi pjaċir. | [a:ndi pyat/i:r] |
| What's your name? | Inti x'jismek? | [inti /yismek] |
| How are you? | Kif inti? | [ki:f inti] |
| Fine, thanks. And you? | Tajjeb (m), tajba (f), grazzi. U inti? | [tayyep tayba grattsi u inti] |
| How long have you been here? | Kemm ilek hawn? | [kemm i:lek a:wn] |
| We arrived here two days ago. | Wasalna hawn jumejn ilu. | [wasalna a:wn yumeyn i:lu] |
| Is this your first visit? | Din l-ewwel żjara tagħkom? | [di:n lewwel zya:ra ta:kom] |
| No, this is our second time here. | Le, din it-tieni żjara tagħna. | [le di:n itteani zya:ra ta:na] |
| Are you enjoying your stay? | Qeghdin tieħdu gost biż-żjara? | [qe:din teahdu gost bizzya:ra] |
| Yes, we like it very much. | Iva, qeghdin nieħdu pjaċir tassew. | [i:va qe:din neahdu pyat/i:r tasse:w] |
| I like the climate, the beaches, the local culture. | Jogħġbuni l-klima, ix-xtut tal-baħar, il-kultura lokali. | [yo:dzbu:ni ilkli:ma i/ftu:t talbahar ilkultu:ra loka:li] |
| What do you think of the country / island? | X'jidhirlek mill-pajjiż (m) mill-gżira (f)? | [/yidirlek mill payyi:s millgzi:ra] |
| I find it fascinating. | Insibu (m) insibha (f) affaxxinanti. | [insi:bu insi:ba affa/finanti] |
| Where do you come from? | Minn fejn inti? | [minn feyn inti] |
| I'm from... the United States Canada Scotland Ireland England Australia New Zealand Wales | Jien... mill-iStati Uniti mill-Kanada mill-iSkozja mill-Irlanda mill-Ingilterra mill-Awstralja minn New Zealand minn Wales | [yean] [millista:ti uni:ti] [millkanada] [milliskotsya] [millirlanda] [millingilterra] [millawstralya] [minn nyu zilant] [minn weyls] |

- 121 -

| What nationality are you? | X'nazzjonalità inti? | [/nattsyonalita inti] |
|---|---|---|

| | | |
|---|---|---|
| I'm... | Jien... | [yean] |
| American | Amerikan (m), -a (f) | [amerika:n amerika:na] |
| Canadian | Kanadiż (m), -a (f) | [kanadi:s kanadi:za] |
| Scottish | Skoċċiż (m), -a (f) | [skott/i:s skott/i:za] |
| Irish | Irlandiż (m), -a (f) | [irlandi:s irlandi:za] |
| English | Ingliż (m), -a (f) | [ingli:s ingli:za] |
| Australian | Awstraljan (m), -a (f) | [awstralya:n awstralya:na] |
| New Zealander | minn New Zealand | [minn nyu zilant] |
| Wales | minn Wales | [minn weyls] |

| Are you on your own? | Inti waħdek? | [inti wahdek] |
|---|---|---|

| I'm with my... | Jien qieġħed... | [yean qeae:t] |
|---|---|---|

| | | |
|---|---|---|
| family | mal-familja | [malfamilya] |
| wife | mal-mara | [malmara] |
| husband | mar-raġel | [marra:dzel] |
| parents | mal-ġenituri | [maldzenitu:ri] |
| boyfriend | mal-ħabib | [malhabi:p] |
| girlfriend | mal-ħabiba | [malhabi:ba] |
| friends | mal-ħbieb | [malhbeap] |

| I'm with a group of friends. | Jien qieġħed ma' grupp ta' ħbieb. | [yean qeae:t ma grupp ta hbeap] |
|---|---|---|

| I'm here on business. | Qieġħed hawn fuq biżnis. | [qeae:t a:wn fu:q biznis] |
|---|---|---|

| Are you married? | Inti miżżewweġ (m), miżżewwġa (f)? | [inti mizzewwet/ mizzewdza] |
|---|---|---|

| Do you have children? | Għandek tfal? | [a:ndek tfa:l] |
|---|---|---|

| I have two children. | Għandi żewġt itfal. | [a:ndi zewt/t itfa:l] |
|---|---|---|

| I'm single. | Jien single. | [yean singil] |
|---|---|---|

| Would you like to have dinner with us? | Tixtieq tagħmel dinner magħna? | [ti/teaq ta:mel dinner ma:na] |
|---|---|---|

## INVITATIONS

| May I invite you for coffee and cheese-cakes? | Nixtieq nistiednek għal kafè u pastizzi. | [ni/teaq nisteadnek a:l kafe u pastittsi] |
|---|---|---|

| We're having a party. Would you like to join us? | Se nagħmlu festin. Joghġbok tiġi? | [se na:mlu festi:n] [yo:dzbok tidzi] |
|---|---|---|

| That's very kind of you. | Veru ġentili. | [ve:ru dzenti:li] |
|---|---|---|

| I'd love to come. | Jogħġobni niġi. | [yo:dzobni nidzi] |
|---|---|---|

| What time shall I come? | X'ħin niġi? | [/hi:n nidzi] |
|---|---|---|

| What can I bring? | X'nista nġib? | [/nista ndzi:p] |
|---|---|---|

| May I bring a friend? | Nista nġib ħabib? | [nista ndzi:p habi:p] |
|---|---|---|

| Do you mind if I smoke? | Jimporta npejjep? | [jimporta npeyyep] |
|---|---|---|

DICTIONARY AND PHRASEBOOK

| | | |
|---|---|---|
| Would you like a cigarette? | Joghġbok tiehu sigarett? | [yo:dzbok teahu sigarett] |
| Would you care for a drink? | Joghġbok tiehu grokk? | [yo:dzbok teahu grokk] |
| Are you free this evening? | Inti liber/u (m), -a (f) l-lejla? | [int liberu libera lleyla] |
| Would you like to go out with me? | Joghġbok tohroġ mieghi? | [yo:dzbok tohrot∫ meae:y] |
| I'd love to, thank you. | Grazzi, niehu gost. | [grattsi neahu gost] |
| Thank you, but I'm busy. | Grazzi, imma ninsab imhabbat (m), imhabbta (f). | [grattsi imma ninsa:p imhabbat imhabbta] |
| Why are you laughing? | Ghaliex qed tidhak? | [a:lea∫ qet tidhak] |
| Is my Maltese that bad? | Il-Malti tieghi hu hekk hażin? | [ilmalti teae:y u ekk hazi:n] |
| Do I have something on my face? | Ghandi xi haġa fuq wiċċi? | [a:ndi ∫i ha:dza fu:q witt∫i] |
| Where shall we meet? | Fejn niltaqghu? | [feyn niltaqo:w] |
| Here's my phone number. | Hawn in-numru tieghi tat-telefon. | [a:wn innumru teae:y tattelefon] |
| May I have your number? | Tista taghtini n-numru tat-telefon? | [tista ta:ti:ni nnumru tattelefon] |
| I'll call you in case something comes up. | Inċempillek fil-kas li jinqala' xi haġa. | [int∫empillek filka:s li yinqala ∫i ha:dza] |
| May I take you home? | Inwasslek id-dar? | [inwasslek idda:r] |
| Can I see you again tomorrow? | Nista nerġa' narak ghada? | [nista nerdza narak a:da] |

THE WEATHER

| | | |
|---|---|---|
| What a lovely day! | X'ġurnata sabiha! | [∫dzurna:ta sabi:ha] |
| What horrible weather! | X'temp tal-biża'! | [∫temp talbiza] |
| We have a strong North East wind. | Ghandna grigal qawwi. | [a:nna griga:l qawwi] |
| What's the temperature? | X'inhi t-temperatura? | [∫ini ttemperatu:ra] |
| The weather is... bad / good / fine unsettled cold / hot very cloudy. | It-temp hu... ikrah / tajjeb / sabih imqalleb kiesah / shun msahhab hafna. | [ittemp u] [ikrah tayyep sabi:h] [imqallep] [keasah shu:n] [imsahha:p hafna] |
| The weather is getting bad. | It-temp qed jithassar. | [ittemp qet yithassar] |

| Is it going to be nice tomorrow? | Se jagħmel bnazzi għada? | [se ya:mel bnattsi a:da] |
|---|---|---|
| Is it going to rain? | Se tagħmel ix-xita? | [se ta:mel iʃʃita] |
| Last week it was very stormy. | Il-ġimgħa li għaddiet għamel ħafna maltemp. | [ildzi ma li a:ddeat a:mel hafna maltemp] |
| What's the weather forecast? | X'se jkun it-temp? | [ʃse yku:n ittemp] |
| Cloud / fog | Sħaba / ċpar | [sha:ba t/pa:r] |
| lightning / moon | berqa / qamar | [berqa qamar] |
| rain / sky | xita / sema | [ʃita sema] |
| snow / star | borra / kewkba | [borra kewkba] |
| storm / sun | maltemp / xemx | [maltemp /em/] |
| thunder / wind | ragħda / riħ | [ra:da reah] |

## 8. SHOPPING

### STORES & SERVICES

| antique store | antikwarju | [antikwaryu] |
|---|---|---|
| art gallery | mostra ta' l-arti | [mostra ta larti] |
| bakery | dolċerija | [dolteriyya] |
| bank | bank | [bank] |
| barber | barbier | [barbear] |
| beauty salon | beauty salon | [byu:ti salo:n] |
| bookstore | ħanut tal-kotba | [hanu:t talkotba] |
| butcher | tal-laħam | [tallaham] |
| delicatessen | salumerija | [salumeriyya] |
| dry cleaner | draj kliner | [draykliner] |
| electrician | elektrixin | [elektriʃin] |
| florist | fjorist | [fyorist] |
| grocery | tal-growser | [talgrowser] |
| hairdresser | hairdresser | [herdresser] |
| hardware store | ħanut ta' l-għodda | [hanu:t ta lo:dda] |
| jeweller | ġojjellier | [dzoyyellear] |
| laundry | londri | [londri] |
| library | librerija | [libreriyya] |
| liquor store | ħanut tax-xorb | [hanu:t taʃʃorp] |
| market | suq | [su:q] |
| newsstand | kjosk tal-gazzetti | [kyosk talgaddsetti] |
| optician | ottiku | [ottiku] |
| photo dealer | tar-ritratti | [tarritratti] |
| police station | l-għassa tal-pulizija | [la:ssa talpulitsiyya] |
| post office | il-posta | [ilposta] |
| shoemaker | skarpan | [skarpa:n] |
| souvenir store | ħanut tas-suvenirs | [hanu:t tassuvenirs] |
| sporting goods | ħanut ta' artikli sportivi | [hanu:t ta artikli sporti:vi] |
| stationer | kartolerija | [kartoleriyya] |
| supermarket | supermarkit | [supermarkit] |
| tailor | ħajjat | [hayya:t] |
| toy store | ħanut tal-ġugarelli | [hanu:t taldzugarelli] |
| travel agency | aġenzija tal-vjaġġi | [adzentsiyya talvyaddzi] |

DICTIONARY AND PHRASEBOOK

| watchmaker | arloġġier | [arloddzear] |
|---|---|---|
| Where can I find...? | Fejn nista nsib...? | [feyn nista insi:p] |
| Where's a good...? | Fejn hemm xi... tajjeb (m), tajba (f)? | [feyn emm ʃi tayyep tayba] |
| How do I get there? | Kif immur hemmhekk? | [kif immu:r emmekk] |
| Can you help me? | Tista tgħinni? | [tista te:yni] |
| I'm just looking. | Qiegħed nara biss. | [qeae:t na:ra biss] |
| I want... | Irrid... | [irri:t] |
| Do you have...? | Għandek...? | [a:ndek] |
| Can you show me this that one the one over there the one in the window. | Tista turini dan (m), din (f) dak (m), dik (f) dak / dik hemmhekk dak / dik fil-vetrina. | [tista turi:ni] [da:n di:n] [da:k di:k] [da:k di:k emmek] [da:k di:k filvetri:na] |
| I don't want anything too expensive. | Ma rridx xejn għali wisq. | [ma rritʃ ʃeyn a:li wisq] |
| Can you show me something...? better cheaper larger smaller | Tista turini xi ħaġa...? aħjar irħas ikbar iżgħar | [tis ta tu ri: ni ʃi ha:dza] [ahya:r] [irhas] [ikbar] [iza:r] |
| How much is this? | Kemm iqum dan (m)? Kemm tqum din (f)? | [kemm iqu:m da:n] [kemm tqu:m di:n] |
| How much are they? | Kemm iqumu? | [kemm iqu:mu] |
| I'll take it. | Nieħdu (m), neħodha (f). | [neahdu nehoda] |
| No, I don't like it. | Le, ma jogħġobnix (m) togħġobnix (f). | [le ma yo:dzobni:ʃ] [to:dzobni:ʃ] |
| Can you order it for me? | Tista tordnahuli (m)? Tista tordnahieli (f)? | [tista tordnau:li] [tista tordnaeali] |
| How long will it take? | Kemm jieħu (m), tieħu (f) żmien? | [kemm yeahu teahu zmean] |
| Please send it to this address. | Jekk jogħġbok ibagħtu (m) ibagħtha (f) f'dan l-indirizz. | [yekk yo:dzbok iba:tu iba:ta fda:n lindiritts] |
| Can I pay by credit card? | Nista nħallas bil-kredit kard? | [nista nhallas bilkredit kart] |
| Do you accept American dollars? | Taċċetta dollari Amerikani? | [tattʃetta dollari amerika:ni] |
| Can you please exchange this? | Jekk jogħġbok tista tibdilli dawn (pl)? | [yekk yo:dzbok tista tibdilli dawn] |
| I'd like to return this. | Nixtieq nirritorna dan (m) din (f). | [niʃteaq nirritorna da:n di:n] |

# MALTESE-ENGLISH/ENGLISH-MALTESE

| I'd like a refund. | Nixtieq inkun rimburżat. | [ni/teaq inku:n rimburza:t] |
| Here's the receipt. | Hawn hi l-irċevuta. | [a:wn i lirt/evu:ta] |

## OFFICE SUPPLIES

| Where's the nearest stationery? | Fejn hi l-eqreb kartolerija? | [feyn i leqrep kartoleriyya] |
| Where can I buy English-language newspapers and magazines? | Fejn nista nixtri gazzetti u rivisti bl-Ingliż? | [feyn nista ni/tri gaddsetti u rivisti blingli:s] |
| I need a / an / some... | Għandi bżonn ta'... | [a:ndi bzonn ta] |
| address book | reġistru għall-indirizzi | [redzistru a:llindirittsi] |
| calculator | kalkulatriċ | [kalkulatri:t/i] |
| computer paper | karti għall-kompjuter | [karti a:llkompyu:ter] |
| envelopes | invilops | [invilops] |
| exercise book | pitazz | [pitatts] |
| guidebook | gwida | [gwi:da] |
| map of Malta | mappa ta' Malta | [mappa ta malta] |
| pen | pinna | [pinna] |
| pencil | lapis | [la:pis] |
| postcards | kartolini | [kartoli:ni] |

## PHARMACY

| Where's the nearest pharmacy? | Fejn hi l-eqreb spiżerija? | [feyn i leq rep spizeriyya] |
| Would it be open now? | Tkun miftuħa bħalissa? | [tku:n miftu:ha bhalissa] |
| I need something for... | Għandi bżonn ta' xi ħaġa... | [a:ndi bzonn ta /i ha:dza] |
| a cold | għal riħ | [a:l reah] |
| a cough | għas-sogħla | [a:sso:la] |
| fever | għad-deni | [a:ddeni] |
| an insect bite | għal tingiża ta' insett | [a:l tingi:za ta nsett] |
| an upset stomach | għal stonku mqalleb | [a:l stonku mqallep] |
| sunburn. | għal xemxata. | [a:l /em/a:ta] |
| Can you fill this prescription for me? | Tista timlili din ir-riċetta? | [tista timli:li di:n irrit/etta] |
| I need a / an / some... | Għandi bżonn ta'... | [a:ndi bzonn ta] |
| aspirin | aspirina | [aspiri:na] |
| Band-Aids | stikka | [stikka] |
| contraceptives | kontraċettiv | [kontrat/etti:f] |
| cough drops | qtar għas-sogħla | [qta:r a:sso:la] |
| disinfectant | diżinfettant | [dizinfettant] |
| ear drops | qtar għall-widnejn | [qta:r a:llwidneyn] |
| eye drops | qtar għall-għajnejn | [qta:r a:lla:yneyn] |
| gauze | garża | [garza] |
| insect repellent | repellant għall-insetti | [ripellant a:llinsetti] |
| iodine | jodju | [yodyu] |

- 126 -

| laxative | purgattiv | [purgatti:f] |
| nose drops | qtar għall-imnieħer | [qta:r a:llimneaher] |
| sanitary napkin | tampun | [tampu:n] |
| sleeping pills | pilloli għall-irqad | [pilloli a:llirqa:t] |
| thermometer | termometru | [termometru] |
| throat lozenges | pastilji għall-gerżuma | [pastilyi a:l gerzu:ma] |
| | | |
| tranquillizers | kalmanti | [kalmanti] |
| vitamins | vitamini | [vitami:ni] |
| | | |
| I'd like a/ an / some... | Nixieq... | [ni/teaq] |
| after-shave lotion | lowxin ta' wara l-leħja | [low/in ta wara llehya] |
| comb | pettine | [pettine] |
| deodorant | deodorant | [deodorant] |
| diapers | nappies | [nappi:s] |
| electric razor | rejżer | [reyzer] |
| face powder | pawder għall-wiċċ | [pawder a:llwitt/] |
| hand cream | krema għall-idejn | [kre:ma a:llideyn] |
| lipstick | lipstik | [lipstik] |
| nail file | nail file | [neylfayl] |
| nail scissors | mqass għad-dwiefer | [mqass a:ddweafer] |
| pacifier | gażaża | [gaza:za] |
| perfume | fwieħa | [fweaha] |
| razor blades | xfafar tal-leħja | [/fafa:r tallehya] |
| safety pins | labar | [labar] |
| shampoo | xampù | [/ampu] |
| shaving cream | krema tal-leħja | [kre:ma tallehya] |
| soap | sapuna | [sapu:na] |
| tissue (paper) | tixju | [ti/yu] |
| toilet paper | karti tat-tojlit | [karti tattoylit] |
| toothbrush | xkupilja tas-snin | [/kupilya tassni:n] |
| toothpaste | krema tas-snien | [kre:ma tassnean] |

## CLOTHING & ACCESSORIES

| I'd like a / an / some... | Nixtieq... | [ni/teaq] |
| anorak | anorak | [anorak] |
| bathing suit | malja ta' l-għawm | [malya ta la:wm] |
| bathrobe | kowt tal-banju | [kowt talbanyu] |
| belt | ċinturin | [t/inturi:n] |
| blouse | bluża | [blu:za] |
| button | buttuna | [buttu:na] |
| bra | bra | [bra] |
| cardigan | kardigan | [kardigan] |
| coat | kowt | [kowt] |
| dress | libsa | [lipsa] |
| gloves | ngwanti | [ngwanti] |
| handbag | borża | [borza] |
| handkerchief | maktur | [maktu:r] |
| hat | kappell | [kappell] |
| jacket | ġakketta | [dzakketta] |
| jeans | ġins | [dzi:ns] |
| panties | par panties | [pa:r panti:s] |
| pants | qalziet | [qaltseat] |
| panty hose | panty hose | [panti hows] |
| pullover | pullowver | [pullowver] |
| pyjamas | piġama | [pidza:ma] |
| raincoat | rejnkowt | [reynkowt] |
| scarf | xalla | [/alla] |
| shirt | qmis | [qmeas] |
| shorts | xorz | [/orts] |
| skirt | dublett | [dublett] |
| slip | libsa ta' taħt | [lipsa ta taht] |

| socks | kalzetti qosra | [kaltsetti qosra] |
|---|---|---|
| stockings | kalzetti | [kaltsetti] |
| suit (man's) | libsa ta' raġel | [lipsa ta ra:dzel] |
| suit (woman's) | libsa ta mara | [lipsa ta mara] |
| sweater | sweter | [sweter] |
| swimming trunks | qalziet tal-għawm | [qaltseat ta la:wm] |
| T-shirt | tixert | [ti/ert] |
| tie | ngravata | [ngrava:ta] |
| trousers | qalziet | [qaltseat] |
| umbrella | umbrella | [umbrella] |
| underwear | ħwejjeġ ta' taħt | [hweyyet/ ta taht] |
| zipper | zipper | [zipper] |

| I want ... for 7-year-old boy / girl. | Irrid... għal tifel / tifla ta' seba' snin. | [irri:t a:l tifel tifla ta seba sni:n] |
|---|---|---|

| I want something like this / the one in the window. | Irrid xi ħaġa bħal dan (m) din (f) / dak (m) dik (f) li hemm fil-vetrina. | [irri:t /i ha:dza bhal da:n di:n da:k di:k li emm filvetri:na] |
|---|---|---|

| I prefer something in... | Nippreferixxi xi ħaġa... | [nipreferi/i /i ha:dza] |
|---|---|---|
| beige / black | fil-bejġ / fl-iswed | [filbeydz fliswet] |
| blue / brown | fil-blu / fil-brawn | [filblu filbrawn] |
| green / grey | fl-aħdar / fil-griż | [flahdar filgri:s] |
| mauve / orange | fil-lilà / fl-oranġjo | [fillila florandzyo] |
| pink / purple | fir-roża / fil-vjola | [firro:za filvyo:la] |
| red / silver | fl-aħmar / fil-fiddien | [flahmar filfiddean] |
| turquoise / white | fit-turkin / fl-abjad | [fitturki:n flabyat] |
| yellow | fl-isfar | [flisfar] |

| I'd like a darker / lighter shade. | Nixtieq kulur iktar karg / iktar ċar. | [ni/teaq kulu:r iktar kark iktar t/a:r] |
|---|---|---|

| I want something to match this. | Irrid xi ħaġa li taqbel ma dan (m) din (f). | [irri:t /i ha:dza li taqbel ma da:n di:n] |
|---|---|---|

| I don't like the color. | Il-kulur ma jogħġobnix. | [ilkulu:r ma yo:dzobni:/] |
|---|---|---|

| Is that made here or imported? | Dak magħmul (m) dik magħmula (f) hawn jew impurtat (m) -a (f)? | [da:k ma:mu:l di:k ma:mu:la a:wn yew impurta:t impurta:ta] |
|---|---|---|

| Do you have any better quality? | Għandek xi ħaġa ta' kwalità aħjar? | [a:ndek /i ha:dza ta kwalita ahya:r] |
|---|---|---|

| I want something in... | Irrid xi ħaġa... | [irri:t /i ha:dza] |
|---|---|---|
| corduroy / cotton | tal-korduroj / tal-qoton | [talkorduroy talqoton] |
| denim / flannel | tad-denim / tal-flanella | [taddenim talflanella] |
| gabardine / lace | tal-gabardin / tal-bizzilla | [talgabardi:n talbittsilla] |
| leather / linen | tal-ġild / tax-xoqqa | [taldzilt ta//oqqa] |
| satin / silk | tas-satin / tal-ħarir | [tassatin talhari:r] |
| suede / velvet | tas-swejd / tal-bellus | [tassweyt talbellu:s] |

| wool. | tas-suf. | [tassu:f] |
|---|---|---|

| Is it...? | Hu (m) hi (f)...? | [u i] |
|---|---|---|
| synthetic | sintetik/u (m) -a (f) | [sintetiku sintetika] |
| pure wool | suf pur | [su:f pu:r] |
| wrinkle resistant | li ma jitkemmixx | [li ma yitkemmi//] |
| machine washable | li jinħasel bil-magna | [li yinhasel bilmagna] |

| I take American size 12. | Jien nieħu qies tnax Amerikan. | [yean neahu qeas tna:/ Amerika:n] |
|---|---|---|

| I don't know Maltese sizes. | Ma nafx il-qisien Maltin. | [ma naf/ ilqisean Malti:n] |
|---|---|---|
| Could you measure me? | Tista teħodli l-qies? | [tista tehodli lqeas] |
| Can I try it on? | Nista nippruvaha? | [nista nippruvaa] |
| It fits very well. | Jiġini (m) tiġini (f) sewwa ħafna. | [yidzi:ni tidzi:ni sewwa hafna] |
| It doesn't fit. | Ma jiġinix (m) tiġinix (f). | [ma yidzini:/ tidzini:/] |
| It's too... tight loose short long | Hu (m), hi (f)... wisq. dejjaq (m) dejqa (f) wiesa' (m) wiesgħa (f) qasir (m) qasira (f) twil (m) twila (f) | [u i wisq] [deyyaq deyqa] [weasa weasa] [qasi:r qasi:ra] [twi:l twi:la] |
| Can you have it altered? | Tista tagħmilli alterazzjoni? | [tista ta:milli alterattsyo:ni] |
| How long will it take? | Kemm tieħu żmien? | [kemm teahu zmean] |

## SHOES

| I need a pair of... shoes sandals slippers. | Għandi bżonn par... żraben sandli papoċċi. | [a:ndi bzonn pa:r] [zra:ben] [sandli] [papott/i] |
|---|---|---|
| These are too... wide / narrow small / large. | Dawn huma... wisq. wisgħin / dojoq żgħar / kbar | [dawn u:ma wisq] [wise:yn doyoq] [za:r kba:r] |
| Do you have the same in brown? | Għandek l-istess fil-brawn? | [a:ndek listess filbrawn] |
| Is this genuine leather? | Dan ġild ġemwin? | [dan dzilt dzenwi:n] |
| Give me also, please, shoelaces and shoe polish. | Jekk jogħġbok agħtini wkoll lazzijiet u lostru taż-żraben. | [yekk yo:dzbok a:ti:ni ukoll lattsiyeat u lostru tazzra:ben] |
| Can you repair these shoes? | Tista ssewwi dawn iż-żraben? | [tista ssewwi dawn izzra:ben] |
| I need new soles and heels. | Għandi bżonn pettijiet u takkuni ġodda. | [a:ndi bzonn pettiyeat u takku:ni dzodda] |
| I need them as soon as possible. | Għandi bżonnhom mill-aktar fis possibbli. | [a:ndi bzonnom millaktar fi:s possibbli] |

# MALTESE-ENGLISH/ENGLISH-MALTESE

## GROCERY

| English | Maltese | Pronunciation |
|---|---|---|
| I'd like a loaf of bread. | Irrid ħobża. | [irri:t hobza] |
| Give me, please. two loaves of bread. | Jekk jogħġbok agħtini żewġ ħbejżiet. | [yekk yo:dzbok a:ti:ni zewt/ hbeyzeat] |
| I'd like also some of this cheese. | Nixtieq anki ftit minn dan il-ġobon. | [ni/teaq anki fti:t minn da:n ildzobon] |
| I need also... | Għandi bżonn ukoll... | [a:ndi bzonn ukoll] |
| a liter of milk | litru ħalib | [litru hali:p] |
| a dozen eggs | tużżana bajd | [tuzza:na bayt] |
| a kilo of flour | kilo dqiq | [ki:lo dqeaq] |
| tea / coffee / sugar | te / kafè / zokkor | [te kafe tsokkor] |
| 100 grams of butter | mitt gramm butir | [mitt gramm buti:r] |
| a kilo of peaches | kilo ħawħ | [ki:lo hawh] |
| a kilo of apples | kilo tuffieħ | [ki:lo tuffeah] |
| half a kilo of tomatoes | nofs kilo tadam | [nofs ki:lo tada:m] |
| a kilo of onions | kilo basal | [ki:lo basal] |
| some carrots | ftit zunnarija | [fti:t tsunnariyya] |
| some heads of garlic | qatta tewm | [qatta tewm] |
| a can of sliced pears | landa langas imfelli | [landa landza:s imfelli] |
| a bottle of olive oil | flixkun żejt taż-żebbuġa | [fli/ku:n zeyt] [tazzebbu:dza] |
| a can of tomato sauce | landa taz-zalza tad-tadam | [landa tattsaltsa tattada:m] |
| a tube of mustard | tubu mustarda | [tu:bu mustarda] |
| a box of chocolate | kaxxa ċikkolata | [ka//a t/ikkola:ta] |

## PHOTOGRAPHY

| English | Maltese | Pronunciation |
|---|---|---|
| I need a... | Għandi bżonn ta'... | [a:ndi bzonn ta] |
| 35mm camera | kamera 35mm | [kamera 35mm] |
| digital camera | digital camera | [didzital kamera] |
| camcorder | kamkorder | [kamkorder] |
| roll of film | roll ta' film | [roll ta film] |
| video casette. | video cassette. | [video kassett] |
| I'd like to rent a... | Nixtieq nikri... | [ni/teaq nikri] |
| video-camera | video-camera | [video kamera] |
| VCR. | VCR. | [visia:r] |
| Can you repair this camera? | Tista ssewwi din il-kamera? | [tista ssewwi di:n ilkamera] |
| There's something wrong with the zoom lens. | Hemm xi ħaġa m'hux sew fiż-zoom lens. | [emm /i ha:dza mu:/ sew fizzu:m lens] |
| How much do you charge for processing? | Kemm tiċċarġja għall-iżvilupp? | [kemm titt/ardzya a:llisvilupp] |
| I need two prints of each negative. | Għandi bżonn żewġ prints ta' kull negattiva. | [a:ndi bzonn zewt/ prints ta kull negatti:va] |
| I need copies of these slides. | Għandi bżonn kopji ta' dawn id-dijapożittivi. | [a:ndi bzonn kopyi ta dawn iddiyapozitti:vi] |
| Will you please enlarge these six pictures? | Jekk jogħġbok kabbarli dawn is-sitt ritratti. | [yekk yo:dzbok kabbarli dawn issitt ritratti] |

When will they be ready?  Meta jkunu lesti?   [meta yku:nu lesti]

## WATCH REPAIR

| Can you repair this watch? | Tista ssewwili dan l-arloġġ? | [tista ssewwi:li da:n larlott/] |
|---|---|---|
| I need a new watch band. | Għandi bżonn ġilda ġdida. | [a:ndi bzonn dzilda dzdi:da] |
| When will it be ready? | Meta jkun lest? | [meta yku:n lest] |
| Please replace the battery cell. | Jekk jogħġbok ibdel il-batterija. | [yekk yo:dzbok ibdel ilbatteriyya] |

## JEWELLER

| I need a / an / some... | Għandi bżonn... | [a:ndi bzonn] |
|---|---|---|
| alarm clock | żveljarin | [svelyari:n] |
| bracelet | brazzuletta | [brattsuletta] |
| brooch in silver | labra tal-fidda | [labra talfidda] |
| chain in gold | katina tad-deheb | [kati:na tadde:p] |
| cross in silver | salib tal-fidda | [sali:p talfidda] |
| digital watch | arloġġ digital | [arlott/ didzital] |
| earrings | msielet | [msealet] |
| engagement ring | ċurkett ta' l-għarusija | [t/urkett ta la:rusiyya] |
| jewel box | kaxxa tal-ġawhar | [ka//a taldza:war] |
| necklace | kullana | [kulla:na] |
| pearl | ġawhra | [dzawra] |
| ring | ċurkett | [t/urkett] |
| rosary | kuruna tar-rużarju | [kuru:na tarruzaryu] |
| tie clip | klip ta' l-ingravata | [klip ta lingrava:ta] |
| wedding ring. | ċurkett taż-żwieġ. | [t/urkett tazzweat/] |
| alabaster / amethyst | alabastru / ametist | [alabastru ametist] |
| copper / coral | ram / qroll | [ra:m qroll] |
| crystal / diamond | kristall / djamant | [kristall dyamant] |
| emerald / enamel | żmerald / enamel | [zmeralt enamel] |
| gold / ivory | deheb / ivorju | [de:p ivoryu] |
| jade / onyx | ġada / oniċi | [dza:da onit/i] |
| pearl / pewter | ġawhra / peltru | [dzawra peltru] |
| platinum / ruby | platinu / rubin | [platinu rubi:n] |
| sapphire / silver | żaffir / fidda | [zaffir fidda] |
| stainless steel | azzar inossidabbli | [attsa:r inossidabbli] |
| topaz / turquoise | topaż / turkin | [to:pas turki:n] |

## OPTICIAN

| Can you repair these glsses? | Tista ssewwi dan in-nuċċali? | [tista ssewwi da:n innutt/a:li] |
|---|---|---|
| Can you repair this frame? | Tista ssewwi dan il-frejm? | [tista ssewwi da:n ilfreym] |
| Can you change the lenses? | Tista tibdel il-lentijiet? | [tista tibdel illentiyeat] |
| When will they be ready? | Meta jkunu lesti? | [meta yku:nu lesti] |

| I'd like to have my eyesight checked. | Nixtieq tiċċekkjali l-vista? | [ni/teaq titt/ekkya:li lvi:sta] |
|---|---|---|
| I've low vision. | Għandi vista baxxa. | [a:ndi vi:sta ba//a] |
| My eyesight isn't good. | Il-vista tiegħi mhix tajba. | [ilvi:sta teae:y mi:/ tayba] |
| I've lost one of my contact lenses. | Tlift waħda mill-contact lenses. | [tlift wahda mill kontakt lensis] |
| I'd like soft lenses. | Nixtieq lentijiet rotob. | [ni/teaq lentiyeat rotop] |
| Hard lenses irritate my eyes. | Lentijiet ibsien jirritawli għajnejja. | [lentiyeat ipsean yirritawli a:yneyya] |
| Do you have any contact lens liquid? | Għandek likwidu tal-contact lenses? | [a:ndek likwidu talkontakt lensis] |
| I need a good pair of sunglasses. | Għandi bżonn ta' nuċċali tajjeb tax-xemx. | [a:ndi bzonn ta nutt/a:li ta//em/] |
| I'd like to buy a pair of binoculars. | Nixtieq nixtri kannokkjali. | [ni/teaq ni/tri kannokkya:li] |

## SOUVENIRS

| antiques | antikitajiet | [antikitayeat] |
|---|---|---|
| ceramics | ċeramika | [t/era:mika] |
| CD of Maltese music | CD ta' mużika Maltija | [sidi ta mu:zika maltiyya] |
| doll | pupa | [pu:pa] |
| glassware | artikli tal-ħġieġ | [artikli talhdzeat/] |
| jewellery | ħaġar prezzjuż | [hadzar prettsyu:s] |
| knitwear | xogħol tal-malja | [/o:l talmalya] |
| lace | bizzilla | [bittsilla] |
| leather work | xogħol tal-ġild | [/o:l taldzilt] |
| needlework | xogħol tal-ħjata | [/o:l talhya:ta] |
| paintings | pittura | [pittu:ra] |
| porcelain | poċellana | [port/ella:na] |
| records of folk songs | diski ta' l-għana | [diski ta la:na] |
| silk | ħarir | [hari:r] |
| toys | ġugarelli | [dzugarelli] |
| watercolors | akwarelli | [akwarelli] |
| woodwork | xogħol tal-injam | [/o:l talinya:m] |
| video on Malta | video fuq Malta | [video fu:q malta] |

## ELECTRICAL

| What's the voltage? | X'inhu l-kurrent? | [/inu ilkurrent] |
|---|---|---|
| I'd like a / an / some... | Nixtieq... | [ni/teaq] |
| adaptor | adapter | [adapter] |
| battery | batterija | [batteriyya] |
| bulb | bozza | [bottsa] |
| car radio | radju għall-karozza | [radyu a:llkarottsa] |
| clockradio | arloġġ għall-karozza | [arlott/ a:llkarottsa] |
| electric razor | rejżer elettriku | [reyzer elettriku] |
| extension cord | extension cord | [eksten/in kort] |
| hair dryer | hair dryer | [he:r drayer] |
| iron | ħadida tal-mogħdija | [hadi:da talmo:diyya] |
| television | televixin | [televi:/in] |

## 9. MONEY

| English | Maltese | Pronunciation |
|---|---|---|
| amount / balance | ammont / bilanċ | [ammont bilantʃ] |
| bill / buyer | kont / xerrej | [kont ʃerrey] |
| capital / check | kapital / ċekk | [kapita:l tʃekk] |
| contract / expenses | kuntratt / spejjeż | [kuntratt speyyes] |
| interest / investment | imghax / investiment | [ima:ʃ investiment] |
| invoice / loss | fattura / telf | [fattu:ra telf] |
| mortgage / payment | ipoteka / hlas | [ipote:ka hla:s] |
| percentage / premium | perċentwali / primjum | [pertʃentwa:li primyum] |
| profit / purchase | profitt / xirja | [profitt ʃirya] |
| sale / seller | bejgh / bejjiegh | [beyh beyyeah] |
| share / transfer | sehem / trasferiment | [se:m trasferiment] |
| value | valur | [valu:r] |

| English | Maltese | Pronunciation |
|---|---|---|
| Where's the nearest ATM?? | Fejn hi l-eqreb teller's machine? | [feyn i leqrep tellers maʃi:n] |
| Where's the nearest bank? | Fejn hu l-eqreb bank? | [feyn u leqrep bank] |
| I want to change some American dollars. | Nixtieq nibdel ftit dollari Amerikani. | [niʃteaq nibdel fti:t dollari amerika:ni] |
| What's the exchange rate? | X'inhi r-rata tal-kambju? | [ʃini rra:ta tal kambyu] |
| I want to cash a traveller's check. | Irrid ninkaxxa traveller's check. | [irri:t ninkaʃʃa travilers tʃekk] |
| Can I get some cash on my VISA? | Nista niġbed ftit kaxx fuq il-VISA tieghi? | [nista nidzbet fti:t kaxx fu:q ilvi:sa teae:y] |
| I'd like to open a temporary account. | Nixtieq niftah kont temporarju. | [niʃteaq niftah kont temporaryu] |
| I'd like to transfer a sum of money from my bank account in New York. | Nixtieq nitrasferixxi somma flus mill-kont fil-bank tieghi New York. | [niʃteaq nitrasferiʃʃi somma flu:s millkont filbank teae:y nyu york] |
| I'd like to deposit this check in my Savings. | Nixtieq niddepożita dan iċ-ċekk fil-kont kurrenti tieghi. | [niʃteaq niddepo:zita da:n itʃekk filkont kurrenti teae:y] |
| I'd like to withdraw $100 from my account. | Nixtieq niġbed mitt dollaru mill-kont tieghi. | [niʃteaq nidzbet mitt dollaru millkont teae:y] |

## 10. COMMUNICATIONS

### POST OFFICE

| English | Maltese | Pronunciation |
|---|---|---|
| Excuse me. Can you tell me where the nearest post office is? | Skużi. Tista tghidli fejn hu l-eqreb uffiċċju tal-posta. | [sku:zi tista te:ydli feyn u leqrep uffittʃu talposta] |
| What time does the post office open / close? | X'hin jiftah / jaghlaq l-uffiċċju tal-posta? | [ʃhin yiftah ya:laq luffittʃu talposta] |
| What's the postage for | X'inhu l-pustaġġ ta' | [ʃinu ilpustattʃ ta |

| a letter to the USA? | ittra għall-Istati Uniti? | [ittra a:llistati uni:ti] |
|---|---|---|
| A stamp for this letter / postcard, please. | Jekk jogħġbok, bolla għal din l-ittra / il-kartolina. | [yekk yo:dzbok bolla a:l di:n littra ilkartoli:na] |
| I'd like to send this parcel by... <br> airmail <br> registered mail <br> express mail <br> insured mail | Nixtieq nibgħat dan il-pakk... <br> bl-ajru <br> reġistrat <br> express <br> inxurjat | [ni/teaq niba:t da:n ilpakk] <br> [blayru] <br> [redzistra:t] <br> [ekspress] <br> [in/urya:t] |
| I'd like to rent a P.O. box. | Nixtieq nikri kaxxa privata. | [ni/teaq nikri kaʃʃa priva:ta] |
| I'd like a money order for 50 Maltese pounds. | Nixtieq money order ta ħamsin lira Maltija. | [ni/teaq mani order] ta hamsi:n li:ra maltiyya] |

### TELEPHONING

| Where can I rent a cell phone? | Fejn nista nikri cell phone? | [feyn nista nikri sell fon] |
|---|---|---|
| Where's the telephone? | Fejn hu t-telefon? | [feyn u ttelefon] |
| Where's the nearest telephone booth? | Fejn hu l-eqreb kjosk tat-telefon? | [feyn u leqrep kyosk tattelefon] |
| May I use your phone? | Tippermettili nuża t-telefon tiegħek? | [tippermetti:li nu:za ttelefon teae:k] |
| I need a phone directory. | Għandi bżonn tad-direttorju tat-telefon. | [a:ndi bzonn tad direttoryu tattelefon] |
| I'd like to place a person-to-person call. | Nixtieq nittelefona persuna għal persuna. | [ni/teaq nittelefona persu:na a:l persu:na] |
| I'd like to place a collect call. | Nixtieq nirriversja ċ-charges. | [ni/teaq nirriversya tt/ardzis] |
| Operator, can you help me get this number? | Operator, tista tgħinni naqbad dan in-numru? | [opereyter tista te:yni naqbat da:n innumru] |
| Hello! This is... speaking. | Allo! Hawn... jitkellem (m) titkellem (f). | [allo a:wn yitkellem titkellem] |
| I want to speak to... | Irrid nitkellem ma... | [irri:t nitkellem ma] |
| Speak more slowly, please. | Jekk jogħġbok, tkellem iktar bil-mod. | [yekk yo:dzbok tkellem iktar bilmot] |
| I can hardly hear you. | Bilkemm nista nisimgħek. | [bilkemm nista nisime:k] |
| Can you speak a little louder, please? | Jekk jogħġbok, tista tgħolli ftit leħnek? | [yekk yo:dzbok tista to:lli fti:t lehnek] |
| Would you please take a message? | Jekk jogħġbok, tista tieħu messaġġ? | [yekk yo:dzbok tista teahu messatt/] |
| The line is busy. | Il-linja hi okkupata. | [illinya i okkupa:ta] |

| There's no answer. | M'hemmx tweġiba. | [memm/ twedzi:ba] |
|---|---|---|
| Just a moment.<br>Hold on, please. | Mument. Jekk joghġbok<br>ibqa' fuq il-linja. | [mument yekk yo:dzbok<br>ibqa fu:q illinya] |
| I want to pay for the<br>call. | Irrid inħallas ghat-<br>telefonata. | [irri:t inhallas a:t<br>telefona:ta] |

## INTERNET

| I'd like to send some<br>e-mail. Could you tell<br>me where I can use an<br>Internet access<br>computer? | Nixtieq nibgħat<br>e-mail. Tista tghidli<br>fejn nista nuża<br>kompjuter b'aċċess<br>ġhall-Internet? | [ni/teaq niba:t<br>imeyl tista te:ydli<br>feyn nista nu:za<br>kompyu:ter batt/ess<br>allinternet] |
|---|---|---|
| Can you recommend<br>a local Internet<br>company? | Tista tirrikmanda<br>kumpanija lokali<br>ta' l-Internet? | [tista tirrikmanda<br>kumpaniyya loka:li<br>ta linternet] |
| I'd like to open a<br>temporary e-mail<br>account. | Nixtieq niftah kont<br>ta' e-mail<br>temporarju. | [ni/teaq niftah kont<br>ta imeyl<br>temporaryu] |
| Do I have unlimited<br>access? | Ghandi aċċess<br>bla limiti? | [a:ndi att/ess<br>ba limiti] |
| I'd like to have this<br>picture scanned and<br>attached to my e-mail<br>message. | Nixtieq niskannja<br>din l-istampa u<br>nehmiżha ma'<br>messaġġ e-mail. | [ni/teaq niskannya<br>di:n listampa u<br>nemiza ma<br>messatt/ imeyl] |

## 11. HEALTH

### PARTS OF THE BODY

| appendix / arm | appendiċi / driegh | [appendit/i dreah] |
|---|---|---|
| artery / back | arterija / dahar | [arteriyya da:r] |
| bladder | bużżieqa ta' l-awrina | [buzzeaqa ta lawri:na] |
| bone | ghadma | [a:dma] |
| bowels / breast | msaren / sider | [msa:ren sider] |
| chest / ear | sider / widna | [sider widna] |
| eye / face | ghajn / wiċċ | [a:yn witt/] |
| finger / foot | saba' / sieq | [saba seaq] |
| genitals / gland | ġenitali / glandola | [dzenita:li glandola] |
| head / heart | ras / qalb | [ra:s qalp] |
| intestines / jaw | intestini / xedaq | [intesti:ni /edaq] |
| joint / kidney | ġoga / kilwa | [dzo:ga kilwa] |
| knee / leg | rkoppa / riġel | [rkoppa ridzel] |
| lip / liver | xoffa / fwied | [/offa fweat] |
| lung / mouth | pulmun / halq | [pulmu:n halq] |
| muscle / neck | musklu / ghonq | [musklu o:nq] |
| nerve / nose | nerv / mnieher | [nerf mneaher] |
| penis / rib | pene / kustilja | [pene kustilya] |
| shoulder / skin | spalla / ġilda | [spalla dzilda] |
| spine | xewka tad-dahar | [/ewka tadda:r] |
| stomach | stonku | [stonku] |
| tendon / throat | gherq / gerżuma | [e:rq gerzu:ma] |
| toe | saba' tas-sieq | [saba tasseaq] |

| tongue | lsien | [lsean] |
| tonsils / vagina | tonsilli / vaġina | [tonsilli vadzi:na] |
| vein / wrist | vina / polz | [vi:na polts] |

## DENTIST

| Can you recommend a good dentist? | Tista tirrikmanda dentista tajjeb? | [tista tirrikmanda dentista tayyep] |
| I'd like to make an appointment to see the dentist. | Nixtieq naghmel appuntament biex nara d-dentista. | [ni/teaq na:mel appuntament bea/ na:ra ddentista] |
| It's urgent. Can I possibly see him today? | Urġenti. Nista possibilment narah illum? | [urdzenti nista possibilment narah illu:m] |
| This tooth hurts. This one on the side, at the back. | Din is-sinna tuġghani. Din fuq din in-naha, fuq wara. | [di:n issinna tudza:ni] [di:n fu:q di:n innaha fu:q wara] |
| I don't want it extracted, if possible. | Jekk hu possibbli, ma rridx naqlaghha. | [yekk u possibbli ma rri:t/ naqlahha] |
| Can I have a filling? | Tista timlghihieli? | [tista timli:eali] |
| Could you give me an anesthetic? | Tista taghtini l-loppju? | [tista ta:ti:ni lloppyu] |
| The gum is very sore. | Il-hanek qed juġgha hafna. | [ilhanek qet yu:dza hafna] |
| The gum bleeds here in front. | Il-hanek qed idemm hawn quddiem. | [ilhanek qet idemm a:wn quddeam] |
| I've broken this denture. | Ksirt id-dentiera. | [ksirt iddenteara] |
| Can you repair it? | Tista ssewwiha? | [tista ssewwiya] |
| When will it be ready? | Meta tkun lesta? | [meta tkun lesta] |
| How much do I owe you? | Kemm ghandi ntik? | [kemm a:ndi nti:k] |
| May I have a receipt for my insurance? | Tista taghtini rċevuta ghall-inxurans? | [tista ta:ti:ni rt/evu:ta a:llin/u:rans] |

## EMERGENCY

| Help! Help! | Ajjut! Ajjut! | [ayyu:t ayyu:t] |
| There's someone drowning. | Hemm xi hadd qed jeghreq. | [emm /i hatt qet ye:req] |
| There has been an accident. | Ġara aċċident. | [dzara att/ident] |
| Call an ambulance. | Sejjah ambulanza. | [seyyah ambulantsa] |
| A car caught fire. | Karozza qabdet in-nar. | [karottsa qabdet inna:r] |

| Call 196 emergency | Sejjaħ emerġenza mija u sitta u disghin. | [seyyah emerdzentsa miyya u sitta u dise:yn] |
|---|---|---|
| I'm having a heart attack. | Qed itini attakk tal-qalb. | [qet iti:ni attakk talqalp] |
| Call an ambulance, please. | Jekk jogħġbok, sejjaħ ambulanza. | [yekk yo:dzbok Seyyah ambulantsa] |
| My wife / husband son / daughter is bleeding heavily. | Marti / ir-raġel it-tifel / it-tifla qed jitlef (m) titlef (f) ħafna demm. | [marti irra:dzel ittifel ittifla qet yitlef titlef hafna demm] |
| He's unconscious. She's unconscious. | Hu barra minn sensih. Hi barra minn sensiha. | [u barra minn sensi:h] [i barra minn sensiya] |
| My child (m) has hurt his head. | It-tifel tiegħi weġġa' rasu. | [ittifel teae:y weddza ra:su] |
| My child (f) has hurt her head. | It-tifla tiegħi weġġgħet rasha. | [ittifla teae:y weddzet ra:sa] |
| He's / she's seriously injured. | Korra (m) korriet (f) serjament. | [korra korreat seryament] |
| He can't move his arm. | Ma jistax iċaqlaq dirgħajh. | [ma yista:ʃ itʃaqlaq dira:yh] |
| She can't move her arm. | Ma tistax iċċaqlaq dirgħajha. | [ma tista:ʃ ittʃaqlaq dira:yya] |
| I'm afraid I have food poisoning. | Nibża li kelli avvelenament mill-ikel. | [nibza li kelli avvelenament millikel] |
| I've been stung by a bee. | Naħla tagħtni x-xewka. | [nahla ta:tni ʃewka] |
| I've been bitten by a dog / cat / snake. | Gidimni kelb / qattus / serp. | [gidimni kelp qattu:s serp] |
| This person looks unconscious. | Din il-persuna tidher mhux f'sensieha. | [di:n ilpersu:na tider mu:ʃ fsenseaya] |
| I feel heavy pressure, squeezing pain in chest, arms and jaws. | Inħoss pressa qawwija, għafsa t'uġigħ fis-sider, fid-dirgħajn u fix-xedaq. | [inhoss pressa qawwiyya a:fsa tudzi:h fissider fiddira:yn u fiʃʃedaq] |
| I'm experiencing shortness of breath, sweating and weakness. | Qed inħoss qtugħ ta' nifs, għaraq u għejja. | [qet inhoss qtu:h ta nifs a:raq u e:yya] |
| This person choked and cannot speak. | Dil-persuna fgat u ma tistax titkellem. | [dilpersu:na fga:t u ma tista:ʃ titkellem] |
| The victim is bleeding heavily from deep cuts. | Il-pazjent qed jitlef ħafna demm minn qtugħ fil-fond. | [ilpatsyent qet yitlef hafna demm minn qtu:h filfont] |
| I suspect this injured person has suffered broken bones. | Probabbli li dil-persuna feruta għandha ksur ta' għadam. | [probabbli li dil persu:na feru:ta a:nda ksu:r ta a:dam] |

| My child ingested poison. | It-tifel avvelena ruħu permezz ta' gass. | [ittifel avvele:na ru:hu permetts ta gass] |
|---|---|---|

| My child swallowed a... | It-tifel bela' xi... | [ittifel bela] |
|---|---|---|
| bone | għadma | [a:dma] |
| chemical poison | velenu kimiku | [vele:nu kimiku] |
| marble | boċċa | [bott/a] |
| poisonous leaf. | werqa velenata. | [werqa velena:ta] |

| I scalded my arms with boiling water. | Instamatt f'dirgħajja bil-mishun jagħli. | [instamatt fdira:yya bilmishu:n ya:li] |
|---|---|---|

## DOCTOR

| I need a doctor, quickly. | Għandi bżonn ta' tabib, malajr. | [a:ndi bzonn ta tabi:p malayr] |
|---|---|---|

| Can you get me a doctor? | Tista ssejjaħli tabib? | [tista isseyyahli tabi:p] |
|---|---|---|

| I'd like an IUD. | Nixtieq nuża l-kojl. | [ni/teaq nu:za lkoyl] |
|---|---|---|

| I'm on the pill. | Jien qiegħda fuq il-pill. | [yean qeada fuq ilpill] |
|---|---|---|

| I haven't had my period for two months. | Ili ma nara xahrejn. | [i:li ma na:ra /areyn] |
|---|---|---|

| I'm 4 months pregnant. | Jien erba' xhur tqila. | [yean erba /u:r tqi:la] |
|---|---|---|

| Can you recommend a / an...? | Tista tirrikmanda... ? | [tista tirrikmanda] |
|---|---|---|
| doctor | tabib | [tabi:p] |
| internist | internista | [internista] |
| urologist | urologu | [urologu] |
| gynecologist | ginekologu | [ginekologu] |
| anesthesiologist | anestesjologu | [anestesyologu] |
| acupuncturist | akupunturista | [akupunturista] |
| cardiologist | kardiologu | [kardiologu] |
| pediatrician | pedjatra | [pedyatra] |
| opthalmologist | oftalmologu | [oftalmologu] |
| neurologist | newrologu | [newrologu] |
| surgeon | kirurgu | [kirurgu] |
| psychatrist | psikjatra | [psikyatra] |

| Can I have an appointment...? | Nista nagħmel appuntament... ? | [nista na:mel appuntament] |
|---|---|---|
| for today | għall-lum | [a:lllu:m] |
| for tomorrow | għal għada | [ala:da] |
| as soon as possible | mill-aktar fis | [millaktar fi:s] |

## ILLNESS

| Doctor, it hurts here. | Dott, juġagħni hawn. | [dott yudza:ni a:wn] |
|---|---|---|

| I ache all over. | Għandi uġigħ ma' ġismi kollu. | [a:ndi udzi:h ma dzismi kollu] |
|---|---|---|

| I would like a flu shot. | Nixtieq tilqima kontra l-flu. | [ni/teaq tilqi:ma kontra iflu] |
|---|---|---|

# DICTIONARY AND PHRASEBOOK

| I have a terrible toothache. | Għandi uġigħ ta' dras terribbli. | [a:ndi udzi:h ta dra:s terribbli] |
|---|---|---|
| I have a headache. | Għandi rasi tuġagħni. | [a:ndi ra:si tudza:ni] |
| I feel a squeezing pain in my chest. | Inħoss għafsa t-uġigħ f'sidri. | [inhoss a:fsa tudzi:h fsidri] |
| It's a / an... pain. dull / sharp throbbing / constant on and off | Hu ċertu uġigħ... fil-fond / qawwi idamdam / ma jieqafx ġej u sejjer. | [u t∫ertu udzi:h] [filfont qawwi] [idamdam ma yeaqaf∫] [dzey u seyyer] |
| Is it infected? | Hu infettat (m)? Hi infettata (f)? | [u infetta:t] [i infetta:ta] |
| I need a painkiller. | Neħtieġ analġesiku. | [nehteat∫ analdzesiku] |
| I'm not feeling well. | Mhux f'sikti. | [mu:∫ fsikti] |
| I'm sick. | Ma niflaħx. | [ma niflah∫] |
| I feel... very tired dizzy nauseous chills | Inħossni... għajjien (m) ħafna għajjiena (f) ħafna stordut (m) storduta (f) mdardar (m) mdardra (f) kollni tkexkix | [inhossni] [a:yyean hafna] [a:yyeana hafna] [stordu:t] [stordu:ta] [imdardar] [imdardra] [kollni tke∫ki:∫] |
| I've been vomiting. | Ili nirrimetti. | [i:li nirrimetti] |
| I'm constipated. | Ili ma nipporga. | [i:li ma nipporga] |
| I've difficulty urinating. | Nbati nagħmel l-awrina. | [nba:ti na:mel lawri:na] |
| I've a nosebleed. | Qed ninfaraġ. | [qet ninfa:rat∫] |
| I've got (a / an)... angina asthma backache chest pains cold cough cramps diarrhea earache fever high blood pressure indigestion low blood pressure palpitations rheumatism shortness of breath sore throat stiff neck stomach ache sunstroke | Għandi... anġina l-ażma uġigħ fid-dahar uġigħ fis-sider riħ s-sogħla bugħawwieġ diarrea uġigħ fil-widna d-deni l-pressjoni għolja indiġistjoni l-pressjoni baxxa tferfir ta' qalb rewmatiżmu qtigħ ta' nifs ħruq fil-griżmejn għonqi rmazzat uġigħ fl-istonku xemxata | [a:ndi] [andzina] [lazma] [udzi:h fidda:r] [udzi:h fissider] [reah] [sso:la] [bua:wweat∫] [diarrea] [udzi:h filwidna] [ddeni] [lpressyo:ni o:lya] [indidzistyo:ni] [lpressyo:ni ba∫∫a] [tferfi:r ta qalp] [rewmatizmu] [qti:h ta nifs] [hru:q filgrizmeyn] [o:nqi rmattsa:t] [udzi:h flistonku] [∫em∫a:ta] |

| English | Maltese | Pronunciation |
|---|---|---|
| I'm allergic to... | Jien allerġiku (m) allerġika (f) għal... | [yean allerdziku allerdzika a:l] |
| shellfish | frott tal-baħar | [frott talbahar] |
| cats | qtates | [qta:tes] |
| pollen | pollen | [polin] |
| penicillin | peniċillina | [penit/illi:na] |
| wheat | qamħ | [qamh] |
| insect bites | tingiż ta' insetti | [tingi:s ta insetti] |
| I'm a diabetic. | Jien diabetiku (m) diabetika (f). | [yean diabetiku diabetika] |
| I've menstrual cramps. | Għandi uġigħ tax-xahar. | [a:ndi udzi:h ta//a:r] |
| I'm bleeding heavily. | Qed nara ħafna. | [qet na:ra hafna] |
| I've a vaginal infection. | Għandi infezzjoni fil-vaġina. | [a:ndi infettsyo:ni filvadzi:na] |
| I've got something in my eye. | Għandi xi ħaġa f'għajnejja. | [a:ndi /i ha:dza fa:yneyya] |
| I've got a / an... | Għandi... | [a:ndi] |
| blister | nuffata | [nuffa:ta] |
| boil | musmar | [musma:r] |
| broken wrist | polz miksur | [polts miksu:r] |
| bruise | dbenġila | [tbendzi:la] |
| burn | ħarqa | [harqa] |
| cut | qatgħa | [qata] |
| earache | uġigħ fil-widna | [udzi:h filwidna] |
| insect bite | gidma ta' insett | [gidma ta insett] |
| lump | gundella | [gundella] |
| rash | raxx | [ra//] |
| sting | tingiża | [tingi:za] |
| swelling | nefħa | [nefha] |
| wound | ferita | [feri:ta] |
| Could you have a look at it? | Tista taralì ftit? | [tista tara:li fti:t] |
| I've been feeling like this for a week. | Ili nħossni hekk fuq ġimgħa. | [i:li inhossni ekk fuq dzima] |
| This is the first time I've had this. | Din l-ewwel darba li għandi dan. | [din lewwel darba li a:ndi da:n] |

## DISEASES

| English | Maltese | Pronunciation |
|---|---|---|
| AIDS/HIV | AIDS/HIV | [eyts eyt/ ay vi] |
| anxiety | ansjetà | [ansyeta] |
| appendicitis | appendiċite | [appendit/i:te] |
| arteriosclerosis | arterjosklerosi | [arteryosklero:si] |
| arthritis | artrite | [artri:te] |
| cancer | kanċer | [kant/er] |
| cold | riħ | [reah] |
| cystitis | ċistite | [t/isti:te] |
| depression | dipressjoni | [dipressyo:ni] |
| diabetes | diabete | [diyabe:te] |
| flu | influenza | [influentsa] |
| gastritis | gastrite | [gastri:te] |
| high cholesterol | kolesterol għoli | [kolesterol o:li] |
| jaundice | suffejra | [suffeyra] |

| kidney stone | ġebla fil-kilwa | [dzebla filkilwa] |
|---|---|---|
| phobia | fobja | [fobya] |
| pneumonia | pnewmonja | [pnewmonya] |
| prostitis | prostite | [prosti:te] |
| rheumatism | rewmatiżmu | [rewmatizmu] |
| thyroiditis | tirojdite | [tiroydi:te] |
| ulcer | ulċera | [ultʃera] |
| venereal disease | marda venerea | [marda venereya] |

## ACCIDENTS

| unconsciousness | hass ħażin | [hass hazi:n] |
|---|---|---|
| heart attack | attakk tal-qalb | [attakk talqalp] |
| choking | fgar | [fga:r] |
| bleeding | dmija | [dmiyya] |
| bone and joint injuries | feriti ta' l-għadam u fil-ġogi | [feri:ti ta la:dam u fildzo:gi] |
| severe burns | ħruq serju | [hruq seryu] |
| scalds | samta | [samta] |
| poisoning | avvelenament | [avvelenament] |

## PRESCRIPTION & TREATMENT

| Can you give me a prescription for this? | Tista taghmilli riċetta għal dan? | [tista ta:milli ritʃetta a:l da:n] |
|---|---|---|
| I'm taking this medicine. | Qed nieħu din il-mediċina. | [qet neahu di:n ilmedit/i:na] |
| How do I take this medicine? | Kif nieħu din il-mediċina? | [kif neahu di:n ilmedit/i:na] |
| So I'll take one pill with a glass of water three times a day; before / after each meal. | Allura nieħu pillola ma tazza ilma tliet darbiet kuljum; qabel / wara kull ikla. | [allu:ra neahu pillola ma tattsa ilma tleat darbeat kulyu:m qabel wara kull ikla] |
| I don't want anything too strong. | Ma rridx xi ħaġa qawwija wisq. | [ma irri:t/ /i ha:dza qawwiyya wisq] |
| I don't tolerate prescription drugs. very well. | Ma tantx nittollera tajjeb il-mediċini preskritti. | [ma tant/ nittollera tayyep ilmedit/i:ni preskritti] |
| I'm allergic to penicillin / antibiotics. | Jien allerġiku (m) allerġika (f) għall-peniċillina / għall-antibijotiċi. | [yean allerdziku allerdzika a:llpenit/illi:na a:llantibiyo:tit/i] |
| Can you prescribe a sleeping pill or a tranquillizer? | Tista tippreskrivi pillola ta' l-irqad jew kalmant? | [tista tippreskri:vi pillola ta lirqa:t yew kalmant] |
| How much do I owe you? | Kemm għandi ntik? | [kemm a:ndi nti:k] |
| May I have a receipt for my health insurance? | Tista taghtini rċevuta għall-inxurans tas-saħħa? | [tista ta:ti:ni rt/evu:ta a:llin/u:rans tas sahha] |

| Can I have a medical certificate? | Tista tagħtini ċertifikat mediku? | [tista ta:ti:ni t/ertifika:t mediku] |

## HOSPITAL

| anesthetic | anestetiku | [anestetiku] |
| bed | sodda | [sodda] |
| bedpan | padella | [padella] |
| blood transfusion | trasfużjoni tad-demm | [trasfuzyo:ni taddemm] |
| doctor | tabib | [tabi:p] |

| injection | injezzjoni | [inyettsyo:ni] |
| nurse | infermiera | [infermeara] |
| operation | operazzjoni | [operattsyo:ni] |
| patient | pazjent | [patsyent] |
| surgeon | kirurgu | [kirurgu] |
| thermometer | termometru | [termometru] |

| What are the visiting hours? | X'ħinijiet hu l-parlatorju? | [/hiniyeat u lparlatoryu] |

| When will the doctor come to see me? | Meta se jiġi jarani t-tabib? | [meta se yidzi yara:nı ttabi:p] |

| I'm in pain. Can I have a painkiller? | Ninsab muġugħ. Tista ttini pillola ta' l-uġigħ? | [ninsa:p mudzu:h] [tista itti:ni pillola ta ludzi:h] |

| I can't eat / drink. | Ma nistax niekol / nixrob. | [ma nista:/ neakol ni/rop] |

| I can't sleep. Can I have a sleeping pill? | Ma nistax norqod. Tista tagħtini pillola ta' l-irqad? | [ma nista:/ norqot tista tati:ni pillola ta lirqa:t] |

## APPENDIX

### COUNTRIES & ADJECTIVAL FORMS

| | | |
|---|---|---|
| Australia | Awstralja | [awstralya |
| Australian | Awstraljan, -a, -i | awstralya:n awstralya:na awstralya:ni] |
| Austria | Awstrija | [awstriya |
| Austrian | Awstrijajk, -ka, -ci | awstriyayk awstriyayka awstri:yat/i] |
| Belgium | Belġju | [beldzyu |
| Belgian | Belġjan, -a. -i | beldzya:n beldzya:na beldzya:ni] |
| Canada | Kanada | [kanada |
| Canadian | Kanadiż, -a, -i | kanadi:s kanadi:za kanadi:zi] |
| China | Ċina | [t/i:na |
| Chinese | Ċiniż, -a, -i | t/ini:s t/ini:zat/ini:zi] |
| Denmark | Danimarka | [danimarka |
| Dane, Danish | Daniż, -a, -i | dani:s dani:za dani:zi] |
| England | Ingilterra | [ingilterra |
| English | Ingliż, -a, -i | ingli:s ingli:za ingli:zi] |
| Finland | Finlandja | [finlandya |
| Finnish, Finn | Finlandiż, -a, -i | finlandi:s finlandi:za finlandi:zi] |
| France | Franza | [frantsa |
| French | Franċiż, -a, -i | frant/i:s frant/i:za frant/i:zi] |
| Germany | Ġermanja | [dzermanya |
| German | Ġermaniż, -a, -i | dzermani:s dzermani:za dzermani:zi] |
| Greece | Greċja | [gret/ya |
| Greek | Grieg, -a, -i | greak greaga greagi] |
| Holland | Olanda | [olanda |
| Dutch | Olandiż, -a, -i | olandi:s olandi:za olandi:zi] |
| India | Indja | [indya |
| Indian | Indjan, -a, -i | indya:n indya:na indya:ni] |
| Ireland | Irlanda | [irlanda |
| Irish | Irlandiż, -a, -i | irlandi:s irlandi:za irlandi:zi] |
| Israel | Iżrael | [izrael |
| Israeli | Iżraeljan, -a, -i | izraelya:n izraelya:na izraelya:ni] |

| Italy | Italja | [italya |
|---|---|---|
| Italian | Taljan, -a, -i | talya:n talya:na talya:ni] |
| Japan | Ġappun | [dzappu:n |
| Japanese | Ġappuniż, -a, -i | dzappuni:s dzappuni:za dzappuni:zi] |
| Norway | Norveġja | [norvedzya |
| Norwegian | Norveġiż, -a, -i | norvedzi:s norvedzi:za norvedzi:zi] |
| Portugal | Portugal | [portuga:l |
| Portuguese | Portugiż, -a, -i | portugi:s portugi:za portugi:zi] |
| Russia | Russja | [russya |
| Russian | Russ/u, -a, -i | russu russa russi] |
| Scotland | Skozja | [skotsya |
| Scot, Scottish | Skoċċiż, -a, -i | skottʃi:s skottʃi:za skottʃi:zi] |
| South Africa | Sudafrika | [sudafrika |
| South African | Sudafrikan, -a, -i | sudafrika:n sudafrika:na sudafrika:ni] |
| Spain | Spanja | [spanya |
| Spaniard, Spanish | Spanjol, -a, -i | spanyo:l spanyo:la spanyo:li] |
| Sweden | Svezja | [zvetsya |
| Swede, Swedish | Svediż, -a, -i | zvedi:s zvedi:za zvedi:zi] |
| Switzerland | Svizzera | [zvittsera |
| Swiss | Svizzeru, -a, -i | zvittseru zvittsera zvittseri] |
| Turkey | Turkija | [tirkiyya |
| Turk, Turkish | Tork, -a, Torok | tork torka torok] |
| United States | Stati Uniti | [sta:ti uni:ti |
| American | Amerikan, -a, -i | amerika:n amerika:na amerika:ni] |

MALTESE COINS

| two mills | żewġ mills | [zewtʃ mills] |
|---|---|---|
| three mills | tliet mills | [tleat mills] |
| five mills | hames mills | [hames mills] |
| one cent | ċenteżmu | [tʃentezmu] |
| two cents | żewġ ċenteżmi | [zewtʃ tʃentezmi] |
| five cents | hames ċenteżmi | [hames tʃentezmi] |
| ten cents | għaxar ċenteżmi | [a:ʃar tʃentezmi] |
| twenty five cents | hamsa u għoxrin ċenteżmu | [hamsa u o:ʃri:n tʃentezmu] |
| half a pound | nofs lira | [nofs li:ra] |
| pound | lira | [li:ra] |

## CLOTHING SIZES

| AMERICAN | CONTINENTAL |
|---|---|

*Women: Nisa:* [nisa]

*Dresses Lbies* [lbeas]
| 8; 10; 12; | 36; 38; 40; |
| 14; 16; 18 | 42; 44; 46 |

*Shoes Żraben* [zraben]
| 6; 7; 8; 9 | 37; 38; 40; 41 |

*Stockings Kalzetti* [kaltsetti]
| 8; 8½; 9; | 0; 1; 2; |
| 9½; 10; 10½ | 3; 4; 5 |

*Men: Rġiel:* [rdzeai]

*Suits Lbies* [lbeas]
| 36; 38; 40; | 46; 48; 50; |
| 42; 44; 46 | 52; 54; 56 |

*Shirts Qomos* [qomos]
| 15; 16; 17; 18 | 38; 41; 43; 45 |

*Shoes Żraben* [zraben]
| 5; 6; 7; | 38; 39; 41; |
| 8; 8½; 9; | 42; 43; 43; |
| 9½; 10; 11 | 44; 44; 45 |

## MEASURES

N.B. British terms in use
before the inroduction of
the metric system.

| 1 inch (2.54 cm) | pulzier [pultsear] |
| 1 foot (30.5 cm) | pied [peat] |
| 1 yard (9.14 m) | jarda [yarda] |
| 1 mile (1.609 km) | mil [mi:l] |

| millimeter | millimetru [millimetru] |
| centimeter | ċentimetru [t/entimetru] |
| meter | metru [metru] |
| kilometer | kilometru [kilometru] |

## WEIGHTS

N.B. Old Maltese
measures.

| 26.46 gr (gram) | uqija | [uqiyya] |
| 0.198 kg (kilogram) | kwart | [kwart] |
| 0.793 kg | ratal | [ratal] |
| 0.992 kg | qsima | [qsi:ma] |
| 3.969 kg | wiżna | [wizna] |

| 79.379 kg | qantar | [qanta:r] |
| 1.016 mt (metric ton) | tunnellata | [tunnella:ta] |

*Capacity*

4.551 lit (liter)

| *Spirits* | *Spiriti* | [spiriti] |
|---|---|---|
| 0.142 lit | pinta | [pinta] |
| 0.284 lit | terz | [terts] |
| 0.568 lit | nofs | [nofs] |
| 1.136 lit | kartoċċ | [kartott/] |
| 5.398 lit | kwarta | [kwarta] |
| 10.797 lit | ġarra | [dzarra] |
| 43.187 lit | barmil | [barmi:l] |

| *Oil & Milk* | *Żejt u Ħalib* | [zeyt u hali:p] |
|---|---|---|
| 0.320 lit | terz | [terts] |
| 0.639 lit | nofs | [nofs] |
| 1.279 lit | kartoċċ | [kartott/] |
| 5.114 lit | kwarta | [kwarta] |

| *Cereal* | *Ċereali* | [t/erea:li] |
|---|---|---|
| 0.303 dm (dram) | kejla | [keyla] |
| 1.818 dm | siegħ | [seah] |
| 3.031 dm | għabra | [a:bra] |
| 18.18 dm3 | tomna | [tomna] |
| 0.290 m3 | modd | [mott] |

| *Solids* | *Solidi* | [solidi] |
|---|---|---|
| 0.03 lit | lumin | [lumi:n] |
| 0.30 lit | mondell | [mondell] |
| 18.185 lit | tomna | [tomna] |
| 290.96 lit | salma | [salma] |

## SEASONS

| spring | ir-rebbiegħa | [irrebbeaa] |
| summer | is-sajf | [issayf] |
| autumn | il-ħarifa | [ilhari:fa] |
| winter | ix-xitwa | [i/ʃitwa] |

## MONTHS

| January | Jannar | [yanna:r] |
| February | Frar | [fra:r] |
| March | Marzu | [martsu] |
| April | April | [apri:l] |
| May | Mejju | [meyyu] |
| June | Ġunju | [dzunyu] |
| July | Lulju | [lulyu] |

| August | Awwissu | [awwissu] |
|---|---|---|
| September | Settembru | [settembru] |
| October | Ottubru | [ottubru] |
| November | Novembru | [novembru] |
| December | Diċembru | [ditʃembru] |

## DAYS

| Monday | it-Tnejn | [ittneyn] |
|---|---|---|
| Tuesday | it-Tlieta | [ittleata] |
| Wednesday | l-Erbgha | [lerba] |
| Thursday | il-Hamis | [ilhami:s] |
| Friday | il-Ġimgha | [ildzima] |
| Saturday | is-Sibt | [issipt] |
| Sunday | il-Hadd | [ilhatt] |

## TIMES

| noon | nofsinhar | [nofsina:r] |
|---|---|---|
| midnight | nofsillejl | [nofsilleyl] |
| one o'clock | is-siegha | [isseaa] |
| quarter past one | is-siegha u kwart | [isseaa u kwart] |
| half past twelve | in-nofs siegha | [innofs seaa] |
| two o'clock | is-saghtejn | [issa:teyn] |
| seven | is-sebgha | [isseba] |
| seven ten | is-sebgha u ghaxra | [isseba u a:ʃra] |
| seven twenty | is-sebgha u ghoxrin | [isseba u o:ʃri:n] |
| twenty to nine | id-disgha nieqes ghoxrin | [iddisa neaqes o:ʃri:n] |
| quarter to ten | l-ghaxra nieqes ghaxra | [la:ʃra neaqes a:ʃra] |
| five to eleven | il-hdax nieqes hamsa | [ilhda:ʃ neaqes hamsa] |
| at six in the morning | fis-sitta ta' filghodu | [fissitta ta filo:du] |
| at two in the afternoon | fis-saghtejn ta' wara nofsinhar | [fissa:teyn ta wara nofsina:r] |
| at seven in the evening | fis-sebgha ta' filghaxija | [fisseba ta fila:ʃiyya] |
| at ten at night | fl-ghaxra ta' billejl | [fla:ʃra ta billeyl] |

## DATES

| 1996 | elf disa' mija u sitta u disghin | [elf disa miyya u sitta u dise:yn] |
|---|---|---|
| 1997 | elf disa' mija u sebgha u disghin | [elf disa miyya u seba u dise:yn] |
| 1998 | elf disa' mija u tmienja u disghin | [elf disa miyya u tmeanya u dise:yn] |

## PUBLIC HOLIDAYS

| January 1 | L-1 ta' Jannar | [lewwel ta yanna:r] |
|---|---|---|
| New Year's Day | L-Ewwel tas-Sena | [lewwel tassena] |
| February 10 | L-10 ta' Frar | [la:ʃra ta fra:r] |
| Shipwreck of St Paul | In-Nawfraġju ta' San Pawl | [innawfradzyu ta san pawl] |

| March 19 | Id-19 ta' Marzu | [ittsata:ʃ ta martsu] |
| St Joseph | San Ġużepp | [san dzuzepp] |
| | | |
| March 31 | Il-31 ta' Marzu | [ilweahet u tleti:n ta martsu] |
| Freedom Day | Jum il-Ħelsien | [yu:m ilhelsean] |
| | | |
| March / April (?) | Marzu / April (?) | [martsu apri:l] |
| Good Friday | Il-Ġimgha l-Kbira | [ildzima lkbi:ra] |
| | | |
| May 1 | L-1 ta' Mejju | [lewwel ta meyyu] |
| May Day | Jum il-Ħaddiem | [yu:m ilhaddeam] |
| | | |
| June 7 | Is-7 ta' Ġunju | [isseba ta dzunyu] |
| Sette Giugno | Sette Giugno | [sette dzunyo] |
| | | |
| June 29 | Id-29 ta' Ġunju | [iddisa u o:ʃri:n ta dzunyu] |
| St Peter and St Paul | San Pietru u San Pawl | [sanpeatru u sanpawl] |
| | | |
| August 15 | Il-15 t'Awwissu | [ilhmista:ʃ tawwissu] |
| The Assumption | Santa Marija | [santa mariyya] |
| | | |
| September 8 | It-8 ta' Settembru | [ittmeanya ta settembru] |
| Victory Day | Il-Vittorja | [ilvittorya] |
| | | |
| September 21 | Il-21 ta' Settembru | [ilweahet u o:ʃri:n ta settembru] |
| Independence Day | Jum l-Indipendenza | [yu:m lindipendentsa] |
| | | |
| December 8 | It-8 ta' Diċembru | [ittmeanya ta ditʃembru] |
| The Immaculate | L-Immakulata | [limmakula:ta |
| Conception | Kunċizzjoni | kuntʃittsyo:ni] |
| | | |
| December 13 | It-13 ta' Diċembru | [ittletta:ʃ ta ditʃembru] |
| Republic Day | Jum ir-Repubblika | [yu:m irrepubblika] |
| | | |
| December 25 | Il-25 ta' Diċembru | [ilhamsa u o:ʃri:n ta ditʃembru] |
| Christmas Day | Il-Milied | [ilmileat] |

* "Sette Giugno": The economic effects of World War I fell heavily on the lower classes in Malta. This exacerbated the existing tensions between the British and the colonized Maltese. A series of protests led to the riots of June 7, 1919. Four young Maltese men were killed by the British troops during the numerous fights that ensued. The dead Maltese became martyrs to the cause of Maltese nationalism, which is widely believed to have been born that day.

## CARDINAL NUMBERS

| 1 | wieħed (m), waħda (f) | [weahet wahda] |
| 2 | tnejn / żewġ | [tneyn zewt/] |
| 3 | tlieta / tliet / tlitt | [tleata tleat tlitt] |
| 4 | erbgħa / erba' / erbat | [erba erba erbat] |
| 5 | ħamsa / ħames | [hamsa hames] |
| 6 | sitta / sitt | [sitta sitt] |
| 7 | sebgħa / seba' / sebat | [seba seba sebat] |
| 8 | tmienja / tmien / tmint | [tmeanya tmean tmint] |
| 9 | disgħa / disa' / disat | [disa disa disat] |
| 10 | għaxra / għaxar / għaxart | [a:ʃra a:ʃar a:ʃart] |
| 11 | ħdax / ħdaxil | [hda:ʃ hdaʃil] |

| 12 | tnax / tnaxil | [tna:/ tna/il] |
|---|---|---|
| 13 | tlettax / tlettaxil | [tletta:/ tletta/il] |
| 14 | erbatax / erbataxil | [erbata:/ erbata/il] |
| 15 | hmistax / hmistaxil | [hmista:/ hmista/il] |
| 16 | sittax / sittaxil | [sitta:/ sitta/il] |
| 17 | sbatax / sbataxil | [sbata:/ sbata/il] |
| 18 | tmintax / tmintaxil | [tminta:/ tminta/il] |
| 19 | dsatax / dsataxil | [tsata:/ tsata/il] |
| 20 | ghoxrin | [o:/ri:n] |
| 21 | wiehed u ghoxrin | [weahet u o:/ri:n] |
| 22 | tnejn u ghoxrin | [tneyn u o:/ri:n] |
| 30 | tletin | [tleti:n] |
| 40 | erbghin | [erbe:yn] |
| 50 | hamsin | [hamsi:n] |
| 60 | sittin | [sitti:n] |
| 70 | sebghin | [sebe:yn] |
| 80 | tmenin | [tmeni:n] |
| 90 | disghin | [dise:yn] |
| 100 | mija / mitt | [miyya mitt] |
| 101 | mija u wiehed | [miyya u weahet] |
| 132 | mija u tnejn u tletin | [miyya u tneyn u tleti:n] |
| 200 | mitejn | [miteyn] |
| 300 | tliet mija | [tleat miyya] |
| 405 | erba' mija u hamsa | [erba miyya u hamsa] |
| 1,000 | elf | [elf] |
| 2,000 | elfejn | [elfeyn] |
| 5,000 | hamest elef | [hamestelef] |
| 6,400 | sitt elef u erba' mija | [sitt elef u erba miyya] |
| 10,000 | ghaxart elef | [a:/art elef] |
| 1,000,000 | miljun | [milyu:n] |
| 1,000,000,000 | biljun | [bilyu:n] |
| 1,000,000,000,000 | triljun | [trilyu:n] |

## ORDINAL NUMBERS

| first | l-ewwel | [lewwel] |
|---|---|---|
| second | it-tieni | [itteani] |
| third | it-tielet | [ittealet] |
| fourth | ir-raba' | [irraba] |
| fifth | il-hames | [ilhames] |
| sixth | is-sitta | [issitta] |
| seventh | is-seba' | [isseba] |
| eighth | it-tmien | [ittmean] |
| ninth | id-disa' | [iddisa] |
| tenth | l-ghaxra | [la:/ra] |
| eleventh | il-hdax / il-hdaxil | [ilhda:/ ilhda/il] |
| twefth | it-tnax / it-tnaxil | [ittna:/ ittna/il] |
| thirteenth | it-tlettax / it-tlettaxil | [ittletta:/ ittleta/il] |
| fourteenth | l-erbatax / l-erbatxil | [lerbata:/ lerbata/il] |
| fifteenth | il-hmistax / il-hmistaxil | [ilhmista:/ ilhmista/il] |
| sixteenth | is-sittax / is-sittaxil | [issitta:/ issitta/il] |
| seventeenth | is-sbatax / is-sbataxil | [issbata:/ issbata/il] |
| eighteenth | it-tmintax / it-tmintaxil | [ittminta:/ ittminta/il] |
| nineteenth | id-dsatax / id-dsataxil | [ittsata:/ ittsata/il] |
| twentieth | l-ghoxrien | [lo:/rean] |
| twenty first | il-wiehed u ghoxrien | [ilweahet u o:/rean] |
| twenty second | it-tnejn u ghoxrien | [ittneyn u o:/rean] |
| thirtieth | it-tletin | [ittleti:n] |
| fortieth | l-erbghin | [lerbe:yn] |
| fiftieth | il-hamsin | [ilhamsi:n] |
| sixtieth | is-sittin | [issitti:n] |
| seventieth | is-sebghin | [issebe:yn] |
| eightieth | it-tmenin | [ittmeni:n] |

| ninetieth | id-disgħin | [iddise:yn] |
| one hundredth | il-mija / il-mitt | [ilmiyya ilmitt] |
| one thousandth | l-elf | [lelf] |
| one millionth | il-miljun | [ilmilyu:n] |

## MALTESE PROVERBS

Il-mistoqsija oħt il-għerf.
[ilmistoqsiyya oht ilerf]
Asking is the sister of knowing.

Terfax aktar milli tiflaħ.
[terfa:ʃ aktar milli tifla:h]
Do not carry a load that is heavier than you can bear.

Ilsien ta' mara jxoqq il-għadam.
[ilsean ta mara yxoqq ila:dam]
A woman's tongue cracks bones.

Musmar imsaddad trid taqla l-ħajt biex taqilgħu.
[musma:r imsaddat tri:t taqla lhayt bea/ taqilo:w]
To pull out a rusted nail you'll have to tear down a wall.

Il-qalb tal-bniedem bosk.
[ilqalp talbneadem bosk]
A man's heart is a forest.

F'kollox issib it-tajjeb u l-ħażin.
[fkollo/ issi:p ittayyep u lhazi:n]
You'll find good and bad in everything.

Il-qattus u l-far qatt ma ħasbu għalenija.
[ilqattu:s u lfa:r qatt ma hasbu a:leniyya]
The cat and the rat never thought alike.

Trid toqtol il-brimba biex tneħħi l-għanqbuta.
[tri:t toqtol ilbrimba bea/ tnehhi la:nqbu:ta]
You must kill the spider to get rid of the cobweb.

Il-bajtar tax-xewk ma jagħmilx ħawħ.
[ilbaytar ta//ewk ma ya:mil/ hawh]
Prickly pear trees don't produce peaches.

Min irid minnek jidħaklek u jmellislek.
[mi:n iri:t minnek yidhaklek u ymellislek]
He who smiles at you and flatters you is after something.

Żarbun ġdid iżaqżaq.
[zarbu:n dzdi:t izaqzaq]
New shoes squeak.

Qalb il-bniedem akbar mid-dinja.
[qalp ilbneadem akbar middinya]
Man's heart is larger than the world.

Aħjar issuq erba' żwiemel minn ħmar.
[ahya:r issu:q erba zweamel minn hma:r]
It's better to drive four horses than a donkey.

Kull laqxa tirfed l-imramma.
[kull laq/a tirfet limramma]
Every chip supports the wall.

Xewqat tajba ma jimlewx il-bwiet.
[ʃewqaːt tayba ma yimlewʃ ilbweat]
Good wishes don't fill anyone's pockets.

Bil-flus tagħmel triq il-baħar.
[bilfluːs taːmel triq ilbahar]
With money you can make a road in the sea.

Il-wied dejjem sejjer għan-niżla.
[ilweat deyyem seyyer aːnnizla]
A torrent always rolls down the valley.

Aqla' sold u onfoq sitta.
[aqla sold u onfoq sitta]
Earn a penny and spend a half penny.

Hidma ta' sena marret f'siegħa.
[hidma ta sena marret fseaa]
A year's labor got wasted in an hour.

Għall-bejjiegħ għajn waħda u għax-xerrej mitt għajn.
[aːllbeyyeah aːyn wahda u aːʃʃerrey mitt aːyn]
The seller has one eye; the buyer, one hundred.

Il-kelma agħlaqha f'qalbek u tħallihiex toħroġ.
[ilkelma aːlaqa fqalbek u thallieaʃ tohrotʃ]
Shut words in your heart and don't let them out.

Min ma jbiddelx iqammel.
[miːn ma ybiddelʃ iqammel]
He who does not change gets infested with lice.

Min ma jgħid xejn jgħid kollox.
[miːn ma yeːyt ʃeyn yeːyt kolloʃ]
He who says nothing says everything.

Tħallix il-qattus għassa mal-ħut.
[thalliːʃ ilqattuːs aːssa malhuːt]
Don't let the cat watch your fish.

Agħmel li tista u mbagħad isir li jsir.
[aːmel li tista u mbaːd isiːr li ysiːr]
Do what you can and then happen what may.

L-iblah jagħmilhielek.
[liblah yaːmilealek]
It's the fool who'll get you in trouble.

Il-ħmira żejda tħassar l-għaġina kollha.
[ilhmiːra zeyda thassar laːdziːna kolla]
Too much yeast will spoil all the dough.

Li kien kien, li kieku kieku.
[li kean kean li keaku keaku]
What 'was' is no more, what 'if' is just 'if'.

Bil-paċenzja ljunfant ħexa nemla.
[bilpatʃentsya lyunfant heʃa nemla]
With patience an elephant penetrated an ant.

Malti tajjeb aħarqu; aħseb u ara ħażin.
[malti tayyep aharqu ahseb u ara haziːn]
Burn a good Maltese; let alone a bad one.

# MALTESE-ENGLISH/ENGLISH-MALTESE

Aħjar mitt agħma minn wieħed zopp.
[ahya:r mitt a:ma minn weahet tsopp]
Better a hundred blind men than one lame man.

L-essenza fil-fliexken iż-żgħar.
[lessentsa filflea/ken izza:r]
The essence is found in small bottles.

Fejn tidħol l-għajn bil-għawġ sigħajn.
[feyn tidħol la:yn bila:wt/ sia:yn]
Where the evil eye comes in, trouble bounds in.

Ħażin meta ż-żejt itextex.
[hazi:n meta zzeyt ite/te/]
Expect bad luck when oil sizzles.

Aħjar weġgħa minn demgħa.
[ahya:r wedza minn dema]
Better an ache than a tear.

Aħjar hekk inkella agħar.
[ahya:r ekk inkella a:r]
It's better so than worse.

Fid-dinja hawn aktar imġienen minn nies f'sensiehom.
[fiddinya a:wn aktar imdzeanen minn neas fsenseaom]
In this world there are more crazy people than sane ones.

Min ma jbossx, jifsa.
[mi:n ma ybo// yifsa]
He who doesn't fart, lets out silent ones.

Min jaħbi hemmu jifga f'demmu.
[mi:n yahbi emmu jifga fdemmu]
He who hides his woes chokes in his blood.

Wieħed imut fis-sakra, u ieħor imut għal qatra.
[weahet imu:t fissakra u eaho:r imu:t a:l qatra]
One dies drunk, another dies for a drop.

Avukat jekk ma jeħdux Alla jieħdu x-xitan.
[avuka:t yekk ma yehdu:/ Alla yeahdu //ita:n]
If God does not take a lawyer, the devil will haul him away.

Il-liġi mhux għas-sinjur.
[illi:dzi mu:/ a:ssinyu:r]
The law is not made for the rich.

Il-fsied iħassar l-ulied.
[ilfsead ihassar luleat]
Pampering spoils kids.

Kull tajra tifraħ b'rixha.
[kull tayra tifrah bri:/a]
Every bird is proud of its feathers.

Għidli bint minn int u ngħidlek x'int.
[e:ydli bint minn int u ne:ydlek /int]
Tell me whose daughter you are and I'll tell you what you are.

L-imħabba oħt il-ġenn.
[limhabba oht ildzenn]
Love is the sister of madness.

Kliem il-mara isimgħu u agħmel rajk.
[kleam ilmara isimo:w u a:mel rayk]
Listen to what your wife has to say but follow your judgement.

Aħjar mitt għadu li taf bih minn ħabib falz.
[ahya:r mitt a:du li ta:f beah minn habi:p falts]
Better a hundred enemies you know than one false friend.

Dak li lagħbielek darba, jilgħabhielek mitt darba.
[da:k li la:bealek darba yila:bealek mitt darba]
He who cheated you once will cheat you a hundred times.

Meta titla x-xemx igħibu l-kwiekeb.
[meta titla ʃʃemʃ ie:ybu lkweakep]
When the sun rises the stars fade away.

Il-mara taf tgħallik fis-sema u taf twaddbek fl-infern.
[ilmara ta:f ta:lli:k fissema u ta:f twaddbek flinfern]
A woman can raise you to heaven and can dump you in hell.

Meta r-ras żgħira tkun fil-glorja, ir-ras il-kbira titlef il-memorja.
[meta rra:s ze:yra tku:n filglorya irra:s ilgbi:ra titlef ilmemorya]
When the cock is euphoric, the brain is amnesic.

Waħdek ma tridx tkun l-anqas il-ġenna.
[wahdek ma tri:t/ tku:n lanqas ildzenna]
You don't want to be alone not even in paradise.

Malta tixba' bil-ftit.
[malta ti/ba bilfti:t]
Malta is easily saturated.

Aħseb ħafna, tkellem ftit, ikteb inqas.
[ahsep hafna tkellem fti:t ikteb inqa:s]
Think much, speak little, and write less.

Ma tistax toħroġ id-demm mill-blat.
[ma tista/ tohrot/ iddemm millbla:t]
You can't get blood from a stone.

Kull żmien żmienu.
[kull zmean zmeanu]
Everything in its own time.

Mitt xejn qatel ħmar.
[mitt /eyn qatel hma:r]
A hundred nothings killed an ass.

Kollox mn'Alla.
[kollo/ mnalla]
Everything is God's will.

Tagħmilx zalza qabel taqbad il-ħut.
[ta:mil/ tsaltsa qabel taqbad ilhu:t]
Don't make sauce before catching fish.

Xortik int tagħmilha.
[/orti:k int ta:mi:la]
You determine your own destiny.

Il-flus għandhom il-ġwienaħ.
[ilflu:s a:ndom ildzweana:h]
Money has wings.

Ghin ruhek biex Alla jghinek.
[eːyn ruːhek beaʃ alla yeːynek]
God helps those who help themselves.

Hadd m'hu ghal hawn.
[hatt mu aːl aːwn]
Nobody is here for ever.

Tmiem tajjeb isewwi kollox.
[tmeam tayyep isewwi kolloʃ]
All's well that ends well.

## FURTHER READING

Abela, Joseph S. *The Loggia of Malta*. Malta: Publishers Enterprises Group, 1992.

Aquilina, Joseph. *A Comparative Dictionary of Maltese Proverbs*. Msida: Royal University Press, 1972.

----------------. *Teach Yourself Maltese*. London: English Universities Press, 1965.

Boccazzi-Varotto, Attilio, Geoffrey Aquilina Ross, Maria Cuschieri and Michael Ellul. *Malta 360°*. Malta: Miranda Publications, 1989.

Bonanno, Anthony. *Malta: An Archaeological Paradise*. Malta: Interprint, 1987.

Bradford, Ernie D. *The Great Siege*. London: Hodder & Stoughton, 1968. Fontana/Collins, 1974.

Briguglio, Lino. *The Maltese Economy: A Macroeconomic Analysis*. Malta: David Moore Publications, 1981.

Caruana Galizia, Anne and Helen. *Recipes from Malta: A Guide to Traditional Maltese Cooking*. Malta: Progress Press, 1972.

Cassar, Paul. *Early Relations Between Malta and the United States*. Malta: Midsea Press, 1986.

-------------. *Medical History of Malta*. London: Wellcome Historical Medical Society, 1964.

Cassar-Pullicino, Joseph. *Studies in Maltese Folklore*. Malta: University Press, 1976.

Clews, Stanley J.A. *The Malta Year Book*, Malta: De La Salle Publications. Annual.

Elliott, Peter. *The Cross and the Ensign: A Naval History of Malta, 1798-1979*. London: Grafton Books, 1982.

Eneix, Linda C. *People of the Temples - Menaidra -*. Malta: Progress Press Co.,1997.

*Grazio's MALTA VIRTWALI*. Internet: <http://www.fred.net/malta>.

Hughes, Quentin. *Fortress: Architecture and Military History of Malta*. London: Lund Humphries, 1969.

Koster, Adrianus. *Prelates and Politicians in Malta*. Assen, The Netherlands: Van Gorcum, 1984.

*Malta and Its People*. Videorecording. Geneva, Switzerland: Strada Films.

*Malta: Berlitz Travel Guide*. London: Macmillan, 1992.

Monsarrat, Nicholas. *The Kappillan of Malta*. London: Pan, 1973.

Ross, Geoffrey Aquilina (ed.). *Insight Guides: Malta*. APA Publications, 1991.

Sire, H. J. A. *The Knights of Malta*. New Haven, CT: Yale University Press, 1994.

Sultana, Ronald G. and Baldacchino, Godfrey (eds.). *Maltese Society, A Sociological Inquiry*. Malta: Mireva Publications, 1994.

Veen, Veronica. *The Goddess of Malta*. Haarlem, The Netherlands: FIA Publications, 1992.

Vella, Philip. *Malta: Blitzed But Not Beaten*. Malta: Progress Press, 1985.

Zammit Mangion, Joseph. *Education in Malta*. Malta: Social Action Movement, 1992.